Aprende sobre la Ingeniería de Software

2ª Edición

ÁNGEL ARIAS

Tabla de contenido

NOTA LEGAL

Esta publicación está destinada a proporcionar el material útil e informativo. Esta publicación no tiene la intención de conseguir que usted sea un maestro en la ingeniería del software, sino que consiga obtener un amplio conocimiento general sobre los procesos del software para que cuando tenga que tratar con estas, usted ya pueda conocer los conceptos y el funcionamiento de las mismas. No me hago responsable de los daños que puedan ocasionar el mal uso del código fuente y de la información que se muestra en este libro, siendo el único objetivo de este, la información y el estudio de las bases de datos en el ámbito informático. Antes de realizar ninguna prueba en un entorno real o de producción, realice las pertinentes pruebas en un entorno Beta o de prueba.

El autor y editor niegan específicamente toda responsabilidad por cualquier responsabilidad, pérdida, o riesgo, personal o de otra manera, en que se incurre como consecuencia, directa o indirectamente, del uso o aplicación de cualesquiera contenidos de este libro.

Todas y todos los nombres de productos mencionados en este libro son marcas comerciales de sus respectivos propietarios.

Ninguno de estos propietarios ha patrocinado el presente libro.

Procure leer siempre toda la documentación proporcionada por los fabricantes de software usar sus propios códigos fuente. El autor y el editor no se hacen responsables de las reclamaciones realizadas por los fabricantes.

LÓGICA PROPOSICIONAL DE PROGRAMACIÓN LÓGICA

La Lógica proposicional es un sistema lógico que busca formalizar la noción de la proposición, y como un conjunto de proposiciones puede ser creado mediante la combinación de propuestas para generar un resultado coherente que se puede aplicar para determinar si este conjunto es verdadero o falso. Es esencial para aprender los conceptos básicos de la lógica proposicional, ya que se basa en esta lógica lenguajes de programación estructurados para tratar de abstraer las decisiones que se toman en el mundo real.

PROPOSICIÓN

Cualquier proposición es una declaración de lo que hacemos, que puede tomar el valor de Verdadero (V) o Falso (F). Por ejemplo:

- "Hoy está lloviendo."
- "El sol es amarillo."
- "Usted está enfermo."

Ejemplos de no proposiciones

- "¿Va a salir hoy?".
- "Tal vez dejaré de fumar."

Para considerarse como una proposición, una sentencia debe ajustarse a las siguientes reglas básicas:

- **Principio de no contradicción**: una proposición no puede ser verdadera y falsa al mismo tiempo. Es decir, si tenemos una propuesta: Está lloviendo, debe ser verdadero o falso (está lloviendo o no está lloviendo) y nunca ambos al mismo tiempo.
- **Principio del tercero excluido**: una proposición debe ser verdadera o falsa, no puede haber una tercera posibilidad. Es decir, si tenemos una proposición de la luna es cuadrada, la proposición debe ser verdadera o falsa, no debe ser un "más o menos".

Es importante entender el concepto de la proposición para la programación, porque en general, los equipos de procesamiento de datos deben estar dispuestos de forma lógica, a lo largo del valor asociado (verdadero o falso) de estas estructuras, para hacer un programa u otra acción.

CONEXIONES LÓGICAS

En la lógica de proposiciones, para facilitar la construcción de estructuras proposicionales, cada proposición puede ser representada por una letra minúscula cualquiera en lugar de utilizar toda la proposición. Por lo tanto, en lugar de utilizar una sentencia como "El árbol es alto", podemos utilizar una letra (por ejemplo, la letra p para representarla). Siempre que usted necesite utilizar "El árbol es alto," no vamos a necesitar reescribir toda la frase, sino que utilizaremos la letra p.

A toda proposición que es simple la llamamos elemento o átomo. Combinamos un conjunto de proposiciones simples usando conectores lógicos. Hay muchos tipos diferentes de conectores lógicos, pero en este libro vamos a aprender a utilizar los tres conectores básicos: la negación (NOT), conjunciones (AND) y disyunción (OR).

VERDAD-TABLAS

Las tablas de verdad es el nombre que se dan a las tablas lógicas que determinan todos los posibles resultados de las combinaciones de Verdadero o Falso en una estructura proposicional propuesta. Estos existen para facilitar la comprensión de los resultados obtenidos cuando se asocia un valor V o F para una propuesta. Así que para saber el resultado, simplemente viendo qué valor asociamos a cada propuesta, nos fijamos en la tabla y veremos el resultado en la última columna.

Negación (NOT)

La negación de una proposición significa la inversión de

su valor. El símbolo de la negación es ~, para negar un valor de una proposición la asociamos con el símbolo delante de la proposición que queremos negar. Para entender la lógica de esta conexión, imaginemos que tenemos la siguiente proposición: Hoy está lloviendo, representada por p. Su negación, es ~ p, lo que significa que hoy en día no está lloviendo. Pero si p es verdadero, ~ p es falsa, y viceversa. Así, en el análisis de todos los posibles valores de p, vemos que para cada valor asociado en p tiene su negación.

p	~ P
V	F
F	V

Conjunción (Y)

La conjunción de dos proposiciones significa que el conjunto sólo será verdadero si todas las proposiciones que son verdaderas son las articulaciones. De lo contrario, si al menos un elemento es falso, toda la estructura se convierte en falsa. El símbolo utilizado para representar este valor es ^. Para entender la lógica de esta conexión, imaginemos que tenemos la siguiente proposición: Hoy está lloviendo hoy y María se quedó en casa. Si representamos la primera proposición como p y la segunda como q, podemos representar la conjunción de las dos proposiciones de la forma p ^ q, lo que significa hoy está lloviendo hoy y María se quedó en casa. La frase completa es verdadera sólo si las dos proposiciones que la componen son verdaderas: si alguno (o ambos) es

4

falso, toda la frase se convierte en falsa.

p	q	p ^ q
V	V	V
V	F	F
F	V	F
F	F	F

Disyunción (OR)

La disyunción de dos proposiciones significa que el conjunto es verdadero si al menos una de las proposiciones es cierta. El símbolo utilizado para representar la disyunción es v. Para entender la lógica de esta conexión, imaginemos que tenemos la siguiente proposición: Hoy está lloviendo y hoy María se quedó en casa. Si representamos la primera proposición como p y la segunda como q, podemos representar la disyunción entre las dos proposiciones en la forma p v q, lo que significa que hoy está lloviendo y hoy María se quedó en casa. Sólo una de las frases tiene que ser cierta para que cualquier frase sea verdadera.

p	q	pVq
V	V	V
V	F	V
F	V	V
F	F	F

COMBINANDO LAS PROPOSICIONES

Hasta ahora, hemos visto las combinaciones entre dos

proposiciones. Sin embargo, podemos combinar tres o más proposiciones. El cálculo de los valores lógicos sigue siendo el mismo. Por ejemplo, imagine la siguiente estructura:

p ∧ q ∨ r

¿Cuál sería el valor lógico de la frase? Visualice la tabla de la verdad de p ∧ q donde p = V y q= F, el resultado es F. Así que nos vamos a la segunda parte: si tenemos p ∧ q es F r es F, vemos que F∨F es F. Por lo tanto, p ∧ q ∨ r es False. Los paréntesis son necesarios para definir las prioridades de cálculo, los utilizamos como en los cálculos estándar. Por lo tanto, si tenemos (p ∧ q ∨ (~ r ∧ q)) significa que (q ∧ ~ r) debe ser calculado antes que el resto.

ALGORITMOS DE CONSTRUCCIÓN UTILIZANDO LA LÓGICA DE PROGRAMACIÓN

Cada vez que escribimos código en un lenguaje de programación, no podemos escribir "lo que queramos". La información escrita debe ser organizada con el fin de "ordenar" a la computadora lo que tiene que hacer. Por lo tanto, para escribir un programa informático, escribimos los algoritmos que indican a la computadora lo que tiene que hacer de acuerdo a las reglas establecidas por las reglas del lenguaje de programación. Pero a pesar de que los lenguajes varían, los algoritmos son esencialmente los mismos.

Un algoritmo es un conjunto de instrucciones organizadas con el fin de alcanzar un objetivo. Imaginemos que nos vamos a duchar. ¿Cómo describiría paso a paso la acción de ducharse? Veamos un ejemplo:

- Desnudarse
- Abrir la ducha
- Mojarse
- Enjabonarse el pelo
- Enjabonarse el cuerpo
- Enjaguarse el cabello
- Enjaguarse el cuerpo
- Cerrar la ducha.

Hay otras maneras de escribir un algoritmo. Un

algoritmo puede ser "como hacer un pastel", "como hacer un examen de matemáticas", etc. También es importante que el algoritmo sea simple, es decir, que no contenga elementos innecesarios, que sea detallado, es decir, que sus declaraciones no sean demasiado genéricas, y que no sean ambiguos, es decir, que no den lugar a interpretaciones dudosas. Para escribir los algoritmos de una manera más "adecuada" para que cumplan nuestros objetivos, lo mejor es trabajar cada estructura lógica paso a paso como hemos visto antes.

COMO ESCRIBIR UN ALGORITMO

Nuestro "baño" es un algoritmo escrito para sea fácilmente entendido por la mayoría de los seres humanos que habla español. Hay varias maneras convenientes o inconveniente para escribir un algoritmo en función de la necesidad que tengamos. Cuando estamos "creando" un algoritmo que vamos a traducir a un lenguaje de programación, existen dos formas muy comunes de representación: los diagramas de flujo y el pseudocódigo.

Vamos a utilizar estas clases para el pseudo-código.

El Pseudocódigo es el nombre que se le da a un algoritmo cuando se escribe paso a paso de una manera lógica, y además, como si fuera un lenguaje de programación. El pseudocódigo no es la programación en sí, sino una manera de escribir un algoritmo para facilitar la posterior conversión a cualquier lenguaje. En España y en los países de habla española, el pseudo-código también es conocido como la estructura española, ya que utilizamos nuestro vocabulario del día a día para su creación. Es importante destacar que existen diferentes métodos para escribir el pseudo-código, que normalmente se basa en el lenguaje de programación para el que vamos a hacer la posterior conversión. Otro método común de representación de algoritmos es la construcción de diagramas de flujo, que son conjuntos de dibujos en los que cada formato representa una orden diferente. Este modelo es más utilizado en los proyectos relacionados con la ingeniería de software.

LA CONSTRUCCIÓN DE UN ALGORITMO EN PSEUDOCÓDIGO

Nuestro algoritmo en pseudocódigo tiene la siguiente estructura:

1: Algoritmo Nombre Algoritmo

2: COMIENZO

3: algoritmo en sí

4: END

En la línea 1, tenemos el algoritmo de marcado y el Nombre Algoritmo. Así que el algoritmo que hemos creado lo podemos llamar "ALGORITMO Bañarse". Pero ¿por qué escribir esto? Para facilitar la creación y composición de los nombres, para ello podemos seguir las siguientes normas:

- No utilizar espacios entre las palabras;
- No utilizar números al comienzo de los nombres;
- No utilizar caracteres especiales en los nombres (por ejemplo, ~,, * &% $ # @).

Para montar nuestros algoritmos, debemos adoptar algunas reglas:

- Vamos a hacer todos los pasos de un algoritmo en una fila
- En cada paso, vamos a poner un punto y coma para terminar la línea (;). Esto facilitará la lectura para saber cuando termina una instrucción y la siguiente.
- El algoritmo debe tener un fin.
- El algoritmo no puede disponer de comandos ambiguos, es decir, todo se debe establecer con precisión y sin posibilidad de interpretaciones erróneas.

Ahora vamos a incorporar estas reglas en nuestro algoritmo "bañarse":

ALGORITMO Bañarse

COMIENZO

Desnudarse;

Abrir la ducha;

Mojarse;

Enjabonarse el pelo;

Enjabonarse el cuerpo;

Enjuagarse el pelo;

Enjuagarse el cuerpo;

Cerrar de ducha;

FIN

Para iniciar la estructuración de nuestros algoritmos de una manera que se entienda mejor para los lenguajes de programación, es importante saber cómo estructurar sus algoritmos de una manera sencilla, obedeciendo a las etiquetas de inicio y de finalización. Dichas marcas, en el lenguaje de programación en sí, dicen cuando comienza una instrucción y cuando termina.

DATOS

Dentro del programa, el concepto de datos es esencial para la creación de algoritmos. Un dato es un valor manipulado por un algoritmo. Al escribir en un teclado, al utilizar un ratón, al hacer un cálculo, o al capturar una imagen en nuestro monitor, estamos trabajando con datos. Por lo tanto, la información de datos se organiza para permitir la entrada, el procesamiento y la salida mediante un algoritmo. Cuando hacemos la suma de 1+1=2, tenemos dos datos (1 y 1), se realiza un cálculo, y se arrojan nuevos datos (2).

En los ordenadores, los datos se trabajan en código binario. Pero los ordenadores funcionan de una manera diferente a los seres humanos: sus recursos de memoria son limitadas y deben los algoritmos deben estar bien elaborados para no generar conflictos en el momento de registrar la información, los datos no se trabajan directamente. Antes de utilizar cualquier información, la computadora reserva un espacio en su memoria, y entonces coloca los datos en este marcador de posición y realiza los cálculos. De manera parecida a los libros de una estantería: hay que dejar espacio en los estantes para "acomodar" los libros que queremos. Para facilitar la comprensión de cómo funciona un equipo, imagine la cuenta anterior (1+1=2).

- En primer lugar el ordenador se reserva un espacio para el resultado. Vamos a llamar a este espacio RESULTADO.

RESULTADO

- En segundo lugar, el equipo se reserva un espacio para el primer número, que llamaremos PRIMERNUMERO.

PRIMERNUMERO RESULTADO

- En tercer lugar, el equipo se reserva un espacio para el segundo número, que llamamos SEGUNDONUMERO.

RESULTADO PRIMERNUMERO SEGUNDONUMERO

- En cuarto lugar, le decimos al equipo que el primer número es igual a 1 y el segundo número es también igual a 1.

RESULTADO PRIMERNUMERO SEGUNDONUMERO

PRIMERNUMERO = 1

SEGUNDONUMERO = 1

- En quinto lugar, establecer el cálculo entre los dos números, asociando el resultado RESULTADO al marcador de posición:

RESULTADO PRIMERNUMERO SEGUNDONUMERO

13

PRIMERNUMERO = 1

SEGUNDONUMERO = 1

RESULTADO = PRIMERNUMERO + SEGUNDONUMERO

Aquí tenemos que distinguir dos cosas importantes:

- Siempre tenemos que reservar espacio para todos los datos utilizados en el programa para calcular. Esta reserva de espacio se llama la declaración de datos.
- Asociamos un valor usando del signo =. Por lo tanto, el resultado anterior recibe el valor de la suma de los dos números. Si queremos asociar un valor único sólo tenemos que poner el valor después del =.
- El primer valor (antes del =) recibirá el valor de cualquier acción que realizamos después del =. Así, por ejemplo, una resta toma la siguiente forma: RESULTADO = PRIMERNUMERO - SEGUNDONUMERO o en una multiplicación sería RESULTADO = PRIMERNUMERO * SEGUNDONUMERO.

Nuestro algoritmo para 1+1=2, sería parecido a lo siguiente:

Sumar Algoritmo

COMIENZO

RESULTADO;

PRIMERNUMERO;

SEGUNDONUMERO;

PRIMERNUMERO = 1;

SEGUNDONUMERO = 1;

RESULTADO = SEGUNDONUMERO +
PRIMERNUMERO;

FIN

Acaba de definir el nombre de los datos que se utilizarán en el programa, pero necesitamos más datos. Tenemos que saber primero si los datos son una constante o una variable, y qué tipo de datos se está trabajando.

CONSTANTES Y VARIABLES

Una constante es un hecho que nunca cambiará su valor a lo largo del algoritmo. En el ejemplo anterior, PRIMERNUMERO, SEGUNDONUMERO y RESULTADO son constantes. Pero imagine que el algoritmo anterior puede añadir cualquier número en vez de los dos números que hemos insertado, es decir, que no realice sólo la operación 1+1. En este caso tenemos una variable dada.

En primer lugar, vamos a aprender una instrucción: READ. El comando de lectura significa que el equipo aceptará un valor desde el teclado, para asocialo como espacio separado y luego hacer el cálculo. Esto significa que podemos hacer cualquier cálculo con cualquier número introducido, ya que será recibido por READ.

Sumar Algoritmo

COMIENZO

RESULTADO;

PRIMERNUMERO;

SEGUNDONUMERO;

READ PRIMERNUMERO;

READ SEGUNDONUMERO;

RESULTADO = SEGUNDONUMERO + PRIMERNUMERO;

FIN

Pero si esta posibilidad existe, ¿por qué tenemos que utilizar constantes? Las constantes sólo son útiles cuando no necesitamos cambiar el valor de los datos nunca. Supongamos que queremos añadir siempre 10 al primer número, por cualquier razón. Así, podemos reconstruir el algoritmo como:

Suma Algoritmo

COMIENZO

RESULTADO;

PRIMERNUMERO;

SEGUNDONUMERO;

READ PRIMERNUMERO;

SEGUNDONUMERO = 10;

RESULTADO = SEGUNDONUMERO + PRIMERNUMERO;

FIN

TIPOS DE DATOS

El algoritmo anterior es más parecido a un algoritmo de programación, pero todavía es muy sencillo e incompleto. ¿Y si en lugar de escribir un número en el comando READ PRIMERNUMERO, tecleásemos una letra? En

17

estos casos, cuando declaramos una variable, también debemos decirle el tipo de datos que recibimos. Pero podemos hacer más todavía, cuando decimos el tipo de datos asociado a un hecho, estamos estableciendo límites para contar la cantidad de espacio que queda reservado para estos datos. Sin embargo, si un hecho va a ocupar un tamaño máximo de 9 números, como un teléfono móvil, ¿Por qué dejar espacio para 20 números? Es necesario estimar y limitar el tamaño de las variables para no provocar un mal uso de los recursos informáticos.

Otro ejemplo para determinar la importancia de declarar el tipo de un hecho, es que la suma anterior, se puede sumar 1+1, pero nuestro programa puede calcular ¿34165631341 + 895647365645?

Los tipos de datos más básicos son:

- **Largo**: Los datos pueden recibir cualquier valor numérico entero positivo o negativo. Por ejemplo, las cifras como 1,2565, 3.124.587 o -5 se pueden representar sin mayores problemas.
- **Real**: los datos pueden recibir cualquier valor de número real positivo o negativo. Este tipo de datos se utiliza principalmente para la representación de números con decimales. Así podemos representar valores como 0.5, 25.6352, -639.5214, entre otros.
- **Texto**: los datos pueden recibir cualquier valor alfanumérico, además de caracteres especiales.

En estos casos, este tipo de datos no pueden participar en los cálculos ordinarios.

- **Lógico** (booREADnos): los datos tienen valores de 0 (FALSE) o 1 (TRUE), y sólo estos valores.

Para declarar el tipo de un dato (constante o variable), se utiliza la estructura de Nombre de variable: Tipo. Para realizar cualquier operación entre los datos, estos deben ser del mismo tipo. Por lo tanto, los enteros se calculan sólo con números enteros, y sus resultados son números enteros, y así sucesivamente. En el algoritmo anterior, haremos un cambio:

Sumar Algoritmo

COMIENZO

RESULTADO: INTEGER;

PRIMERNUMERO: INTEGER;

SEGUNDONUMERO: INTEGER;

READ PRIMERNUMERO;

SEGUNDONUMERO = 10;

RESULTADO = SEGUNDONUMERO + PRIMERNUMERO;

FIN

Para cerrar este contenido, veremos un nuevo comando WRITE. Este comando servirá para "mostrar" ciertos datos en nuestra pantalla de ordenador. Imaginemos que queremos mostrar el resultado del cálculo en la pantalla del ordenador, después escribimos dos números y hacemos clic. Vamos a hacer el siguiente cambio:

Suma Algoritmo

COMIENZO

RESULTADO: INTEGER;

PRIMERNUMERO: INTEGER;

SEGUNDONUMERO: INTEGER;

READ PRIMERNUMERO;

SEGUNDONUMERO = 10;

RESULTADO = SEGUNDONUMERO + PRIMERNUMERO;

WRITE RESULTADO;

FIN

Datos numéricos y de texto en la lógica de programación

COMPOSICIÓN DE LOS NOMBRES DE CONSTANTES Y VARIABLES

Volviendo a nuestro algoritmo que realiza la suma de dos números y devuelve un resultado:

Suma Algoritmo

COMIENZO

RESULTADO: INTEGER;

PRIMERNUMERO: INTEGER;

SEGUNDONUMERO: INTEGER;

READ PRIMERNUMERO;

SEGUNDONUMERO = 10;

RESULTADO = SEGUNDONUMERO + PRIMERNUMERO;

WRITE RESULTADO;

FIN

Creamos (declarar) tres datos llamados RESULTADO, PRIMERNUMERO y SEGUNDONUMERO. En lugar de utilizar estos nombres, podríamos haber puesto el nombre que desee. Sin embargo, una buena recomendación es que los nombres sean fáciles de recordar, ya que usted probablemente tendrá que usar esto muchas veces durante un código, que sean adecuados para el código y obedezca a las reglas siguientes:

- Los nombres de las variables y de las constantes no pueden contener espacios en blanco: Por ejemplo, no se puede declarar como números primos, Nombre Cliente o similares. Podemos declarar como NUMEROPRIMO, NOMBRECLIENTE, y en cualquier caso que no tenga espacios en blanco entre las palabras.
- Los nombres de las variables y de las constantes no pueden empezar por un número, es decir, un nombre siempre debe comenzar con una letra entre la a y la z. Por ejemplo, 1NUMEROPRIMO.
- Los nombres de las variables y de las constantes no pueden contener caracteres especiales (como ç, ~, ', %, $, -, etc): Por lo tanto, no se puede declarar un dato llamado OPCIÓN. Si quieres algo parecido lo podría declarar como OPCION. El único carácter especial que se acepta en los nombres de las variables y de las constantes es la parte inferior _.
- Los nombres de las variables y de las constantes son CASE SENSITIVE, es decir, se distingue

entre las mayúsculas y las minúsculas. Por ejemplo, si se declara un punto de datos como OPCION y aparece más adelante como opcion, tenga en cuenta que el programa los tratará como datos diferentes. Una buena recomendación, que será utilizada en este libro es que todos los datos tienen sus nombres escritos en mayúsculas.

- Los nombres de las variables y de las constantes no pueden ser palabras reservadas: Las palabras reservadas son los nombres que damos a las palabras que el lenguaje de programación usa para otras funciones. Para nosotros, consideramos las palabras reservadas cada declaración que aprendemos o usamos, como ALGORITMO, COMIENZO, READ, WRITE, INTEGER, entre otros.

COMENTAR ALGORITMOS

Cuando escribimos un algoritmo, la idea es que esto sea claro y fácil de leer, no sólo para los demás sino para nosotros mismos. Después de todo, podemos tener una idea de cómo resolver un problema, y después de un tiempo no recordar o entender la estructura que había propuesto. Todos los lenguajes de programación proporcionan un recurso para comentar el código, que es un comando que nos permite escribir lo que queramos, pero que después no serán interpretado por el programa. En pseudocódigo utilizamos llaves {} para los comentarios, todo lo que se coloca dentro de las llaves se considera un comentario y no serán considerados por el algoritmo.

Sumar Algoritmo

COMIENZO

RESULTADO: INTEGER; {esta variable recibe la suma de un número introducido y de un segundo número}

PRIMERNUMERO: INTEGER;

SEGUNDONUMERO: INTEGER;

READ PRIMERNUMERO; {aquí recibido el valor que el usuario escribe en el teclado}

SEGUNDONUMERO = 10; {establece que el segundo número es 10}

SEGUNDONUMERO = PRIMERNUMERO + SEGUNDONUMERO; {la suma se lleva a cabo aquí}

RESULTADO WRITE; {aquí muestra en la pantalla el cálculo realizado}

FIN

ASIGNACIÓN DE VALORES A LAS VARIABLES Y A LAS CONSTANTES

Las variables y las constantes como vimos anteriormente son espacios en la memoria del ordenador que pueden recibir información del tipo seleccionado. Podemos modificar esta información cuando lo requiera nuestro algoritmo. Esta asignación se realiza mediante el signo =, con la siguiente estructura:

Variable o constante = valor a ser recibido;

La cantidad recibida se puede ser un número (en el caso del tipo de datos ENTERO o REAL), de texto (en los casos de tipo texto) o lógico (1 y 0). En los casos de los tipos numéricos, el valor que recibirá también puede ser una expresión matemática, lo que conduce a un valor que se asignará a la variable.

MATEMÁTICAS

Se puede realizar cualquier operación matemática entre los datos numéricos del mismo tipo (enteros con enteros, reales con reales, etc...). El Como realizar estos cálculos es algo muy similar a lo que ya hemos visto anteriormente, donde separamos los espacios para el resultado y para los operandos. Los símbolos de las operaciones básicas que se pueden utilizar son:

Operación	Símbolo
Suma	+
Resta	-
Multiplicación	*
División	/
Potenciación	^
El resto de la división	%

Por lo tanto, utilizamos los símbolos de la siguiente manera, teniendo como ejemplos a tres variables numéricas A, B, C, donde A = 2, B = 3 y C almacena el resultado en el que:

- C = A + B (C recibe la suma de A más B, o C 3 = 2, y C = 5)
- C = A - B (C recibe la resta de A-B o C = 2-3, y C = -1)
- C = A * B (C recibe la multiplicación A * B = 2 o C 3 y C = 6)
- C = A / B (donde el divisor debe ser un número distinto de 0, ya que no hay división por 0. Este caso, el C recibe A dividido por B, o C = 3/2, y C = 0.6666666666666666666666666666667).

¿Las dos últimas operaciones expuestas en la tabla no son muy comunes para el público en general, ya que no se utilizan para resolver muchos de los problemas de la vida cotidiana:

- C = A ^ B (C recibe la potencia de A ^ B, o C = 2 ^ 3 donde C = 8).

- A% B = C (C recibe el resto de la división entre A y B. En el caso asociado a A = 5 y B = 2. A / B es igual a 2, sobrando 1. C recibe el valor de 1).

Al igual que en las matemáticas comunes, podemos combinar varios operadores en una sola expresión. Por ejemplo, podemos hacer sin ningún problema C = A + B / B, o incluso añadir varias variables y constantes: C = A + B * DG, por ejemplo. Hay varias operaciones que se realizan primero, la potenciación luego la división, luego la multiplicación, y, finalmente, el resto y la suma. Si necesita realizar un cálculo antes que otro que no cumpla con esta norma, utilizamos paréntesis para determinar el orden de prioridad. Por ejemplo, si C = (A + B) * D, primero será la suma de A + B y el resultado será la multiplicación de la suma D. En otro ejemplo, C = ((A + B) * (D + E)) / 5, primero se efectuará la suma de A + B y D + E, y los resultados se multiplicarán, y luego dividirán el resultado por 5.

TRABAJAR CON VARIABLES DE TEXTO

Se habrá dado cuenta de que trabajar con las variables numéricas no tiene muchos secretos. Pero las variables de tipo texto, no trabajan igual. Estas variables son diferentes porque aceptan no sólo números, sino caracteres alfabéticos (letras), y pueden formar conjuntos de caracteres (cadenas). Por lo tanto, este tipo de variables aporta un enfoque diferente en su trabajo. En primer lugar, las declaraciones de variables de tipo texto, establecen un límite en el número de caracteres que se pueden introducir. Esto ocurre por un problema de espacio. Cuando declaramos una variable de número entero, el tipo real, o lógico, obtenido con la misma cantidad de bytes, representa cualquier número. Generalmente cualquier entero puede representarse por medio de 4 bytes, un real con 4 bytes y un valor lógico con 1 byte. Sin embargo, en los tipos de texto, la equivalencia es de 1 byte por 1 carácter (letra). Así que si no consideramos esta limitación, podríamos consumir toda la memoria de la computadora. Cuando estamos seguros del tamaño del campo de texto, por ejemplo AB son siempre dos caracteres, fijamos el tamaño del número exacto tenemos la intención de utilizar. Cuando no lo sabemos, estimamos un límite razonable y establecemos ese tamaño, por ejemplo, un campo de tipo nombre puede tener un valor entre 60 y 100. Pocos nombres superarán este límite. El límite del tamaño de los datos se coloca entre paréntesis después del tipo de texto que se declara. Ejemplo:

AB: TEXTO (2)

NOMBRE: TEXT (60)

Una ventaja cuando se trabaja con textos, es que la mayoría de los textos utilizados en la programación se pueden insertar directamente en el WRITE de nuestro algoritmo.

Volviendo a nuestro algoritmo anterior. Imaginemos que queremos no sólo mostrar en la pantalla el resultado de la suma, sino que también vamos a escribir "la suma es", seguido por el número:

Sumar Algoritmo

COMIENZO

RESULTADO: INTEGER;

PRIMERNUMERO: INTEGER;

SEGUNDONUMERO: INTEGER;

READ PRIMERNUMERO;

SEGUNDONUMERO = 10;

RESULTADO = SEGUNDONUMERO + PRIMERNUMERO;

WRITE "La suma es" RESULTADO;

FIN

Es importante tener en cuenta que cuando usamos el texto, este debe ir entre comillas dobles. Por lo tanto, todo lo que está dentro de las comillas se considerará como texto. Dentro de estas citas puede escribir y utilizar los caracteres que queramos, incluyendo caracteres especiales y espacios en blanco. Los números también se pueden utilizar, pero estos textos no se pueden calcular. Así que si escribimos "1", no puede ser utilizado para expresiones matemáticas.

Pero, ¿Cuando un texto se convierte en un dato? Cuando este podría cambiar dentro de nuestro algoritmo. Imaginemos una necesidad diferente. Queremos mostrar el nombre de una persona y su edad en la pantalla de ordenador. Así que cada vez que nuestro algoritmo se ejecuta, el nombre de la variable y la edad se modificarán. Para capturar el nombre, vamos a declarar una variable de tipo texto como el que vimos anteriormente, vamos a asociar la variable de la misma manera que asociamos un valor en los tipos numéricos. La diferencia básica es que el tipo de datos de texto no se puede calcular con los datos de tipo numérico. Veamos un ejemplo:

ALGORITMO MostrarNombreEdad

COMIENZO

EDAD: INTEGER;

ANIONACIMIENTO: INTEGER;

NOMBRE: TEXT (60); {introducir nombres que no excedan de 60 letras}

SHOW "escriba su nombre:"; {Le mostramos un texto que pide al usuario que introduzca su nombre}

READ NOMBRE, {recibe el nombre}

SHOW "escriba su año de nacimiento:"; {pedimos que introduzca su año de nacimiento}

READ ANIONACIMIENTO; {leemos el año del nacimiento}

EDAD = 2010 - ANIONACIMIENTO; {calculamos la edad}

WRITE "Su nombre es" NOMBRE "y tiene" EDAD "años", {aquí se muestra el resultado}

FIN

OPERACIONES LÓGICAS Y PROCESAMIENTO CONDICIONAL

En el ejemplo anterior creamos un algoritmo que trabaja con los resultados de datos y con la visualización en la pantalla. Sin embargo, lo que hemos visto hasta ahora son funciones muy básicas que las calculadoras de mano realizan sin ningún problema. Ahora comenzamos el estudio de las estructuras de toma de decisiones y el procesamiento condicional, que son el núcleo de la programación lógica. Para esto usted debe haber entendido bien tanto los conceptos de la lógica como la introducción a los algoritmos. Para poder crear mejores algoritmos, vamos a tomar unas cuantas reglas más para su composición y para una mejor visualización:

- Las variables y las constantes continúan siendo escritas en letras mayúsculas.
- Las palabras reservadas comienzo, fin y algoritmo (algoritmo, Comienzo y Fin) tendrán la primera letra en mayúscula, por tanto, como el nombre del algoritmo;
- Los controles internos tienen sus nombres escritos en letras minúsculas.

OPERACIONES LÓGICAS

En la lección anterior, aprendimos cómo crear expresiones matemáticas para establecer el valor de las variables y hacer cálculos sencillos. Algoritmos de ahora vamos a aprender a utilizar otras expresiones, que son las operaciones lógicas. Son los mismos principios que vimos en la Parte 2, haciendo comparaciones entre los valores, y el establecimiento de si la condición es verdadera o falsa. Primero establecemos los operadores lógicos disponibles, utilizando como ejemplo, dos variables A y B:

Operador	Valor	Expresión	Descripción
>	Más	A> B	A mayor que B
> =	Mayor o igual	A> = B	A mayor o igual a B
<	Menos	A	A menos de B
<=	Menor o igual que	A <= B	A menor o igual a B
==	Igual	A == B	A es igual a B
	Diferente	AB	A no-B
&	y	A & B	A y B
||	Oregón	A || B	A o B
!	NO	!A	No A (negación)

Cuando hacemos una operación lógica como por ejemplo A> B, estamos haciendo una comparación entre los valores de A y de B, y esta comparación debe ser verdadera o falsa. A partir del valor obtenido (verdadero o

34

falso) lo que hará nuestro algoritmo es ejecutar algún comando. Si por ejemplo, A = 5 y B = 3, la expresión A> B es verdadera. Pero a diferencia de las expresiones matemáticas, usamos esta comparación no para asociarla con un dato, sino para "activar" las estructuras lógicas como vemos a continuación. Las operaciones lógicas pueden utilizar cualquier tipo de datos, ya que los datos comparados son del mismo tipo.

Como hemos visto en la lógica y en las expresiones matemáticas, las operaciones lógicas se pueden combinar con el valor lógico general establecido por los valores lógicos de cada componente que constituye la expresión. Las prioridades de funcionamiento también están determinadas por el uso de paréntesis, como en las expresiones matemáticas.

IF ... THEN ... ELSE

La estructura if ... then ... else es lo que llamamos una estructura condicional simple. Se establece una condición, y ofrece una respuesta a esta condición si es cierta o falsa. Un ejemplo común de esto es el uso de, por ejemplo, si llueve mañana me quedaré en casa y si no llueve saldré de casa. En nuestro algoritmo, la estructura condicional será diferente. Se parece a:

si condición, entonces

ejecutar si se da la condición

sino

ejecutar si la condición no se produce

fin;

Por lo tanto, nuestro algoritmo de lluvia se ve de la siguiente manera:

si llueve mañana, entonces

Me quedaré en casa

sino

Voy a salir

fin;

Lógicamente, tenemos que definir este algoritmo para estructurarlo para la comprensión de la computadora. Para ver si está lloviendo o no, vamos a crear una variable de tipo lógico que si está lloviendo, será marcado en 1 (verdadero), y si no llueve se marcará 0 (falso):

Algoritmo SalirLloviendo

Comienzo

LLUEVEMANIANA: LÓGICO;

LLUEVEMANIANA = 1;

si LLUEVEMANIANA = 1, entonces

WRITE "Me quedaré en casa";

sino

WRITE "Voy a salir";

fin;

Fin

Arriba ponemos un valor dentro de nuestro algoritmo. Esto nos será de mucha ayuda para la mayoría de nuestras necesidades. Pero nosotros proponemos un nuevo algoritmo: tenemos que recibir una calificación de un estudiante. Si esta nota es inferior a 3, el estudiante recibe lo que está en suspendido. Si la nota es mayor que 3 y menor de 6, el alumno está en recuperación. Si la puntuación es superior a 6, el estudiante está aprobado.

Algoritmo NotaAlumno

Comienzo

CALIFICACIONES: REAL;

WRITE "Escribe la nota";

READ CALIFICACIONES;

CALIFICACIONES Si <3, entonces

```
WRITE "suspenso";

sino

CALIFICACIONES Si> = 3 & CALIFICACIONES <6
entonces

WRITE "Está en recuperación";

sino

WRITE "Ha aprobado";

fin;

fin;

Fin
```

CREACIÓN DE VECTORES Y MATRICES

Vectores (arrays)

Hasta ahora hemos visto muchos ejemplos de como construir estructuras y algoritmos simples. Pero, ¿qué pasa si tenemos que registrar un colegio con 500 alumnos y sus calificaciones? Por lo que hemos aprendido hasta ahora, tendremos que crear 500 grupos de estudiante y el Calificador, que sin duda le dará una gran cantidad de variables de trabajo. En este sentido, podemos utilizar vectores para facilitar la escritura de algoritmos. Un vector es una variable que le permite agrupar los datos del mismo tipo bajo un mismo nombre.

Aprendimos que cuando creamos una variable, se crea un espacio en la memoria para almacenar los datos. Si creáramos:

NUMERO: INTEGER;

NUMERO = 5;

NUMERO= 4;

Reservamos un espacio en la memoria que llamamos NUMERO, y luego ponemos el valor de 5 en este espacio. Poco después, eliminamos el valor 5 y ponemos un valor de 4. Esto se debe a que estamos trabajando con el mismo espacio de memoria. Pero si queremos almacenar varios valores del mismo tipo, sin destruir los valores anteriores, podemos utilizar un vector que tiene el mismo nombre pero asignará espacios diferentes según el tamaño que especifica el programador. La declaración de una matriz es la siguiente:

Nombre vector: array [tamaño]: Tipo de vector;

El tamaño especifica cuántos datos del mismo tipo se pueden almacenar en el vector. Para una mejor comprensión, imaginemos que necesitamos registrarse a tres estudiantes y sus calificaciones. En lugar de declarar NOMBRE1, NOMBRE2, NOMBRE3, crearemos un vector que se llamará NOMBRE y almacenará los 3 nombres. La declaración de un vector es igual a como se declara una variable y tiene la siguiente estructura:

En nuestro caso, utilizamos:

NOMBRE: Vector**[3] texto (60);**

Eso quiere decir que creamos un vector llamado NOMBRE con 3 variables internas de tipo texto con un máximo de 60 caracteres. Vamos a hacer lo mismo con la variable CALIFICACIONES. Entonces, cada vez que tenemos que utilizar cada una de las tres variables, las llamaremos con la forma NOMBRE[Posición]. Vamos a construir el algoritmo para comprender mejor:

Algoritmo Estudiante

Comienzo

NOMBRE: Vector [3]: Texto (60);

CALIFICACIONES: vector [3]: real;

WRITE "Introduzca el nombre del primer estudiante y su respectiva calificación";

read NOMBRE[0];

read CALIFICACIONES [0];

write "Introduzca el nombre del segundo estudiante y su respectiva calificación";

read NOMBRE[1];

read CALIFICACIONES [1];

write "Introduzca el nombre del tercer estudiante y su respectiva calificación";

read NOMBRE[2];

read CALIFICACIONES [2];

Fin

En el algoritmo anterior, cuando le pedimos el nombre,

asociamos ese nombre al espacio de NOMBRE [0], el segundo al NOMBRE [1] y así sucesivamente (recuerde que una matriz siempre comienza en la posición 0). Cada vez que tenemos que usar el primer nombre, lo llamaremos igual, NOMBRE [1]. Como ve, esto facilita la declaración de variables, pero su uso principal está orientado para trabajar con grandes cantidades de datos. Imaginemos otro problema: hay que capturar 40 números por parte del usuario y hacer la suma entre ellos. En este sentido, utilizamos las estructuras que hemos aprendido anteriormente para tener un algoritmo de reducción:

Algoritmo Suma

Comienzo

NUMERO: vector [40]: integer;

INDEX, SUMA: integer;

SUMA = 0;

INDEX para 0-39 hacer

write "Introduzca un número";

read NUMERO [INDICE];

fin_para;

INDEX para 0-39 hacer

SUM = SUM + NUMERO [INDICE];

fin_para;

write "La suma es" SUMA;

Fin

En el algoritmo anterior, creamos un vector de enteros, la variable de índice que nos permite "recorrer" por el vector, y una variable que recibirá los números de la SUMA. En el primer bucle el índice para varia de 0 a 39: esto modificará el espacio vectorial que estamos utilizando sin tener que declararlo índice a índice. Para cada valor introducido, vamos a asociarlo a un espacio vectorial y pasar al siguiente. Al salir del bucle, entramos en un segundo bucle para que se ejecute el vector SUMA entre ellos y que se acumula en SUMA de nuevo. Al salir del bucle, tenemos el resultado esperado.

El vector de datos se puede trabajar de la misma manera como trabajamos con los datos del mismo tipo vector: como cada vector de este espacio es un entero, estos pueden sumarse, restarse, multiplicarse, etc... entre sí y con variables y datos de tipo entero. Si, por ejemplo, el valor NUMERO [1] fuera 10, y el NUMERO [2] fuera 20, lo que haríamos es:

SUMA = NUMERO [1] + NUMERO [2]; {SUMA igual a 30}

SUMA = NUMERO [1] - NUMERO [2]; {SUMA -10 es igual a}

SUMA= NUMERO [2] / NUMERO [1]; {SUMA es igual a 2}

SUMA= (NUMERO [2] / 5)*NUMERO [1]; {SUMA es igual a 40}

Lógicamente, si se asocia un valor diferente a la misma posición de un vector, este valor se sustituye:

NUMERO [1] = 10;

NUMERO [1] = 20;

El valor actual de NUMERO [1] es 20.

Arrays

En el ejemplo anterior trabajamos con el concepto de los vectores unidimensionales, es decir, las variables que pueden contener un solo tipo de datos bajo un mismo nombre. Otro concepto importante asociado son los vectores multidimensionales, que son similares a los vectores, con la excepción de establecemos el número de dimensiones que tienen. Una matriz es un vector multidimensional de 2 dimensiones (filas y columnas) que puede almacenar variables del mismo tipo. Por ejemplo, cuando se declara lo siguiente:

NUMERO: vector [3]: integer;

Acaba de crear en la memoria del ordenador tres espacios con el nombre de NUMERO. A continuación podemos ver la representación visual al asignar los valores 3,2,1:

3	2	1

Procure que las matrices sean necesarias cuando tenemos que combinar los datos internos con respecto a dos variables. Si, por ejemplo, necesitamos saber el nombre de un cliente, su crédito, su débito y el saldo, tendremos una matriz con valores como la que vemos a continuación:

Nombre	Crédito	Débito	Saldo
María	5.00	-10.00	-5.00
José	10.00	5.00	5.00
Antonio	20.00	2.00	18.00
Francisca	30.00	3.75	26.25
Tomás	10.00	10.00	0.00

Vemos la relación entre dos variables en cualquier espacio de la matriz: si queremos saber el saldo de Francisca, debemos ubicarnos en la línea del Nombre Francisca y cruzarla con la columna Saldo donde poder encontrar el valor 26,25.

La sintaxis para crear una matriz tiene la siguiente forma:

nombre de la matriz: array [número de filas] [número de columnas]: tipo de datos;

Cuando el número de líneas contiene el número de filas que permite la matriz, el número de columnas contiene el número de columnas permitidas. La cantidad de posiciones de almacenamiento será igual a las filas x las columnas. Para acceder a los datos en una matriz, solamente tenemos que mencionar el nombre de la matriz, con el número de línea y la columna específica. En el caso de Francisca, para conocer su saldo tendríamos que poner:

CLIENTES [3] [2];

Las operaciones y los tratamientos realizados con matrices son de la misma clase que los realizados con los vectores. Cualquier dato de un array puede trabajar con los datos del mismo tipo de datos, y se puede ejecutar una gran variedad de estructuras de procesamiento y la repetición.

CREACIÓN DE REGISTROS Y FUNCIONES

REGISTROS O ESTRUCTURA

Hasta ahora hemos visto como declarar variables de tipos diferentes. Cuando creamos variables comunes, el ordenador colocará estas variables en cualquier espacio de memoria sin tener que preocuparse de colocarlas con un cierto orden, que puede afectar al rendimiento de su programa en muchos casos. Por ejemplo, un registro de los alumnos con NOMBRE, tenga en cuenta que para encontrar un NOMBRE y su ubicación en la memoria, la búsqueda de la calificación asociada puede llevar mucho tiempo, ya que puede estar en cualquier posición de la memoria del ordenador. Para mejorar este proceso, podemos crear estructuras de datos que almacenan en su interior variables de distintos tipos en posiciones similares. Esto se llama un registro o estructura, una característica que permite la creación de diferentes tipos de variables en el mismo bloque de memoria de la computadora y aumentando así la velocidad de acceso.

Su sintaxis es:

Nombre del registro: registro

campos que componen el registro

fin_registro;

Para acceder a cualquier parte del registro, se utiliza la sintaxis:

Nombre la Registro. Variable interna

Como ejemplo, el algoritmo creará estudiante y la calificación, con el expediente académico del estudiante que tiene las variables NOMBRE y CALIFICACION, y obtener un nombre de alumno y una calificación, y luego mostrar los datos de registro en la pantalla:

Algoritmo AlumnoCalificacion

Comienzo

ESTUDIANTE: registro

NOMBRE: Texto (60);

CALIFICACIONES: real;

fin_registro

WRITE "Introduzca el nombre del estudiante";

READ ALUMNO.NOMBRE;

WRITE "Introduzca la calificación del estudiante";

READ ALUMNO.CALIFICACIONES

WRITE "El Estudiante: " ALUMNO.NOMBRE "ha

sacado la siguiente calificación:"
ALUMNO.CALIFICACIONES;

Fin

Como vimos en el ejemplo anterior, para declarar el expediente del ESTUDIANTE y sus variables internas, creamos una "plantilla" de espacio de memoria consecutiva que siempre mantendrá estos dos datos juntos. Esto, además de facilitar el acceso a la información permite la creación de nuevos tipos de variables. A menudo, los tipos básicos de variables utilizadas no son suficientes para resolver un problema de un algoritmo o incluso nos llevan a un nivel de dificultad superior. Para crear un tipo de registro, sólo tiene que colocar la palabra clave antes del nombre del tipo de registro, siendo su sintaxis como vemos a continuación:

Tipo NOMBRE_del_registro: registro

{Los campos que componen el registro}

fin_registro;

Como ejemplo, imaginemos que queremos crear 500 variables de tipo ESTUDIANTE. Use el registro que facilitará nuestra creación, ya que podemos crear un registro básico llamado ESTUDIANTE, que utilizaremos como un tipo variable. Después crearemos un vector de tipo ESTUDIANTE que llame a LISTAALUMNO con un tamaño de 500 para acceder a cualquier variable interna de estos 500 estudiantes sin dificultad, usando solamente el nombre de la variable que asociamos y variable interna. Vamos a implementar un algoritmo que realiza esta función, y luego hará el promedio de las calificaciones introducidas presentándolas siempre que se insertan un nuevo nombre y calificación:

Algoritmo AlumnoCalificacion

Comienzo

Tipo ESTUDIANTE: registro

NOMBRE: Texto (60);

CALIFICACIONES: real;

fin_registro

LISTAALUMNOS: vector [500]: ESTUDIANTE;

CONTENIDO: integer;

para INDEX=1 hasta INDEX<=500 paso 1 haga

WRITE "Introduzca el nombre del estudiante";

READ LISTAALUMNOS. NOMBRE [INDICE];

WRITE "Leer la nota de estudiante";

READ LISTAALUMNOS. CALIFICACIONES [INDICE];

SUMA = SUMA + LISTAALUMNOS. CALIFICACIONES [INDICE];

WRITE "El promedio actual es:" SUMA / INDEX;

fin_para;

Fin

FUNCIONES

Cuando tenemos un pedazo de algoritmo que se repite con frecuencia o que puede ser utilizado por otros algoritmos, podemos modularizar su uso con el fin de usarla en caso necesario. En este caso, creamos una función que es un trozo de un algoritmo que escribimos separado de nuestro algoritmo normal. Su estructura es:

Función Nombre de la función (tipo de datos de entrada): tipo de retorno

Inicio

Comandos

Retorno Datos de salida;

Fin

En la primera línea, después del nombre que elegimos

para la función, debemos decir los datos que la función recibirá para poder procesar con sus respectivos tipos. Si usted no recibe datos, podemos descartar su uso. Pero si tenemos el tipo de retorno, que es el tipo de datos que la función devolverá. Si tenemos la misma estructura de los algoritmos, con la única excepción del Retorno. Este comando devuelve información o variable procesado por la función, que debe ser del mismo tipo declarado en la primera línea de la función. Si no devolvemos nada, ¿Por qué no omitimos su uso?. Para entender mejor esto, vamos a crear una función llamada Suma, y la usaremos en nuestro algoritmo:

Función Suma (numero_1, numero_2: integer): integer

Comienzo

SUMA: integer;

SUMA = numero_1 + numero_2;

SUMA Retorno;

Fin

Acabamos de crear una función llamada Suma, que toma dos números enteros. SUMA creó una variable que recibirá la suma de los dos números. La suma se realiza y la variable SUMA asociada, es devuelta por la función donde se necesita. La variable de retorno SUMA es de tipo entero, como mencionamos en :integer de la primera línea.

Usted puede colocar en la entrada tantas variables que desee y los tipos que necesite separados por ; cuando existen variables con diferentes tipos. Por ejemplo, si queremos crear una función que toma NOMBRE CALIFICACIONES del estudiante, podemos usar:

Función del Estudiante (NOMBRE: integer CALIFICACIONES: real): integer;

¿Como utilizamos una función dentro de un algoritmo? Escribimos la llamada de la función después del algoritmo, usando la sintaxis:

FunctionName (enviar datos);

Podemos trabajar los resultados devueltos por una función que no se asocia a ninguna variable. También podemos crear tantas funciones como queramos usar en nuestro algoritmo. Para entender la idea, creamos un algoritmo que toma dos números introducidos por el usuario, se pasan a una función y se obtiene un retorno de esta función:

Algoritmo CalcularSuma

Inicio

Numero1, numero2, RESULTADO: integer

WRITE "Introduzca el primer número";

READ numero_1;

WRITE "Introduzca el segundo número";

READ numero_2;

RESULTADO = Suma (numero_1, numero_2) { función de llamada}

WRITE "La suma es:" RESULTADO;

Fin

Función Suma (NUM1, NUM2: integer): integer

Comienzo

SUMA: integer;

SUMA = NUM1 + NUM2;

SUMA Retorno;

Fin

Utilizamos un ejemplo muy básico para demostrar el funcionamiento de una instancia de una función. En la mayoría de los lenguajes de programación, las funciones que cree se almacenan en archivos diferentes a partir del código principal. Esto permite componer el código para que se pueda utilizar en cualquier programa que sea necesario volver a escribir el mismo código cada vez que queremos crear una nueva biblioteca para nuestros programas. Por ejemplo, si necesitamos un algoritmo para calcular la tasa de interés de un determinado valor, en lugar de tener que volver a escribir todo el algoritmo necesario para calcular, podemos escribir la función una vez, y llamamos a todos los algoritmos que necesitamos de ese código. Esto permite reducir significativamente la construcción de algoritmos, y facilita la actualización y el mantenimiento.

Paso de parámetros por valor, referencia y dirección

Cuando pasamos los valores de los parámetros de la función anterior, lo que hacemos es copiar los valores de la función. En el caso mencionado anteriormente, cuando llamamos a la función Suma del algoritmo principal, hacemos una copia de los valores de las variables numero_1 numero_2 y NUM1 y NUM2, respectivamente, para realizar la operación, además de la función. Esta impresión y las operaciones realizadas en la función, sin embargo, no modifican los valores y numero_2 numero_1. Este tipo de llamada de función que sólo copia los valores se llama Paso de Parámetros por Valor.

Algunos lenguajes, sin embargo, nos permiten realizar otros tipos pasos de parámetros. El Paso de parámetros por referencia difiere de la adoptada por valor, no tiene una copia del valor de la función, sino que pasa la dirección de memoria de la variable con la que desea trabajar dentro de nuestra función. Para poder trabajar con este tipo de pasos de parámetros usaremos dos nuevos tipos de variables: los punteros y las referencias.

Llamamos puntero a una variable que "apunta" a una dirección de memoria de otra variable. Por lo tanto, el puntero no almacena un valor en sí mismo, sino la "dirección" del valor que es deseado. Para crear una variable de tipo puntero, utilizamos todas las reglas ya aprendidas de las variables, pero vamos a utilizar * antes del nombre de la variable. Así, si escribimos, por ejemplo: *1 ya no crean un espacio de memoria llamado 1, sino un puntero llamado *1 que debe apuntar a la dirección de memoria de cualquier variable.

Sin embargo, en el enfoque de acceder a la dirección de memoria de una variable no es suficiente sólo con usar su nombre, ya que traería su valor y no su dirección. Para acceder a su dirección, tenemos que utilizar & antes el nombre de la variable. Así que si queremos acceder a la dirección de una variable denominada RESULTADO, usaremos &RESULTADO.

Ahora podemos escribir el código de Suma usando estos nuevos conocimientos:

Algoritmo CalcularSuma

Comienzo

Numero1, numero2, RESULTADO: integer

WRITE "Introduzca el primer número";

READ numero_1;

WRITE "Introduzca el segundo número";

READ numero_2;

RESULTADO = Suma (&numero_1, &numero_2)
{llamada a la función. Paso de dirección de las variables}

WRITE "La suma es:" RESULTADO;

Fin

Función Suma (*NUM1, *NUM2: integer): integer
{ahora tenemos dos punteros que tienen acceso a las variables del código de main}

Comienzo

SUMA: integer;

SUMA = *NUM1 + *NUM2;

SUMA Retorno;

Fin

En este nuevo código, *NUM1 y +NUM2 tienen las direcciones &numero1 y &numero2, para acceder a estas variables para realizar operaciones dentro de la suma. Sin embargo, si cambiamos los valores que están en el contenido *NUM1 y *NUM2 también modifican los valores de numero1 y numero2.

LA RECURSIVIDAD

La recursividad en la lógica de programación es la capacidad de una determinada parte de código para llamarse a sí mismo. Esto se hace porque muchos problemas complejos pueden ser resueltos mediante el uso de la misma tarea repetida varias veces con el fin de disminuir la complejidad involucrada.

En general, la recursividad se implementa mediante una función que se llama a sí misma, pasando los nuevos parámetros según su conveniencia. Llamamos a la función de la primera vez en cualquier parte de nuestro código principal de la primera vez y después de esa primera llamada, la recursividad se inicia. Para implementar la recursividad debemos tener cuidado, ya que debemos introducir una condición de parada, es decir, cuando la recursión debe dejar de ser ejecutada. Si no se establece una condición de parada, la recursividad se realiza de forma infinita.

Por ejemplo, vamos a crear una función que se llama a sí misma, llamado Factorial:

Función Factorial (NUMERO: integer): integer

Comienzo

Si NUMERO <= 0 entonces {Condición Parar}

Retorno Uno;

Pero

    Retorno * Factorial NUMERO (NUMERO-1);

Fin;

Fin

Ahora haremos nuestro código principal que llamará a la primera función anterior pasando un valor inicial como parámetro:

Algoritmo HacerRecursion

Inicio

    NUMERO: toda

    WRITE "Entre el número de factor de:";

    READ NUMERO;

    WRITE Factorial (NUMERO);

Fin

Para crear el código de nuestro programa, se le pedirá al usuario que introduzca un número, que se pasará como parámetro a la función que se ejecuta la primera vez. Imagínese que el usuario introduzca 5. La Función factorial llamará y pasará el valor de 5. Como 5 no es menor que o igual a 0, la función devolverá a donde se llevará a cabo la siguiente operación 5*factorial(4). En este caso, la función es llamada de nuevo, pero ahora pasa un valor de 4.

Como 4 es mayor que 0, la función que devolverá tendrá la siguiente forma 5*4*factorial(3) (5 del último procesamiento, el 4 actual y la nueva llamada a la función con la cantidad de procesamiento 3). Esto se realiza de forma consecutiva para formar 5*4*3*2*factorial(1). En este paso, cuando se invoca la función y se pasa el valor 1, la función que realiza la primera parte del SI, devuelve el valor 1. En este caso, la es forma 5*4*3*2*1. Para devolver el valor 1, la llamada se rehace en orden inverso: 1 multiplica 2, el resultado se multiplica por 3, el resultado se multiplica por 4 y el resultado se multiplica por 5. El resultado final (120) es devuelto por la última función con la que el algoritmo original llamó a la función. Después, en WRITE Factorial (NUMERO); aparece en la pantalla el valor 120.

Tipos de recursividad

Hay dos tipos de recursión:

Recursividad directa: el fragmento de código se llama a sí mismo.

Repetición indirecta: El fragmento de código llama a un fragmento de código B, que a su vez llama al fragmento A.

CLASIFICACIÓN DE LOS ALGORITMOS

Hasta ahora hemos visto la mayor parte de todas las estructuras esenciales y algoritmos para la programación. Continuando con su aprendizaje en los lenguajes de programación que usted haya elegido, esto mejorará los paradigmas del lenguaje y otras acciones que no son parte de la lógica de la programación común, pero es útil para diversas necesidades como el acceso a bases de datos, por ejemplo. Pero usemos todo este conocimiento usando las estructuras básicas aprendidas. Continuando con nuestros estudios, vamos a saber ahora lo que llamaremos estructuras de datos.

Hasta ahora hemos visto como estructurar y organizar los algoritmos, pero las dudas siempre aparecen a la hora de desarrollar: ¿Cuándo utilizaremos un algoritmo para una cosa y no a la inversa? ¿Como organizar un algoritmo con el fin de tener un mejor rendimiento que otro algoritmo? Veremos que al escribir un algoritmo: hay que ser conscientes de como optimizarlo con el fin de hacerlo más sencillo, eficiente y elegante.

La primera cosa que tenemos que entender para mejorar un algoritmo es como los datos de entrada van a estar organizados: imaginemos que tenemos que encontrar un libro en una biblioteca. Si se organizan los libros, ¿será mucho más fácil encontrar este libro en una biblioteca sin fin?, no ¿verdad?. Del mismo modo, tenemos la capacidad de trabajar con conjuntos (estructuras) de datos de tal manera que se minimice el procesamiento de nuestros algoritmos.

Si usamos un tipo de estructura de datos conocida como vectorial. Un vector es un conjunto de datos del mismo tipo están bajo un nombre y son manejados por un índice.

Cuando declaramos un array, estamos declarando un conjunto de espacios consecutivos en la memoria con el mismo nombre, y movemos estos espacios mediante un índice. Ahora veremos algunas técnicas que nos permiten organizar los vectores y las matrices, con el fin de reducir posteriormente el tiempo de procesamiento para la búsqueda, inserción y eliminación de elementos.

ORDENACIÓN

Ordenar o clasificar es poner los elementos de un conjunto de información en un orden predefinido que sea relevante para el procesamiento de un algoritmo. Por ejemplo, si queremos organizar los libros en orden alfabético, o bien ordenar los libros en pares o impares, en números en orden descendente, etc, cuando pedimos los elementos deseados. Cuando se implementa un algoritmo de clasificación, tenemos a nuestra disposición varios modelos que satisfacen las necesidades específicas. Con un poco de trabajo, el estudiante puede ver y estudiar estos algoritmos en http://en.wikibooks.org/wiki/Algorithm_implementation/Sort ing.

El principio de reconocer que método de clasificación se debe utilizar en un caso concreto es saber sobre qué tipos de datos vamos a estar operando, y cual es su complejidad computacional, es decir, que algoritmo tiene un rendimiento medio mejor o peor para trabajar con estos datos.

A continuación vamos a ver tres algoritmos básicos: ordenación por Selección, ordenación de Burbuja y ordenación por Inserción. Usaremos como base que todas tienen la misma necesidad: tenemos una serie de 50 números enteros, debemos ordenar en orden ascendente. Usted encontrará que en muchos casos, se utilizan algoritmos más complejos que otros para realizar la misma función. Pero no se deje engañar por la cantidad de código: a veces, que permite una reducción en el coste de procesamiento de un algoritmo.

Ordenar por Selección

La ordenación por selección es un modelo de algoritmo que trabaja con un conjunto de datos, seleccionando el valor más alto o el más bajo (dependiendo del orden) y pasando al primer elemento del conjunto. Entonces, este hace con esto con el segundo valor mayor o menor pasando hacia la segunda posición, y así en adelante, hasta los dos últimos.

```
NUMEROS: vector [50]: integer;

I, J, MINIMO, TEMPORAL: integer;

para I = 1 hasta I <50 pasando 1 hacer

MINIMO = I;

para I = J+1 hasta J <50 pasando 1 hacer

si NUMEROS[ J ]< NUMEROS[MINIMO] entonces

MINIMO = J;

VECTOR TEMPORAL = [MÍNIMO];

NUMEROS [MÍNIMO] = VECTOR [I];

NUMEROS [I] = Temporal;

fin;

fin_para;

fin_para;
```

Ordenar por Burbuja

El ordenamiento de burbuja es un algoritmo de ordenación cuya idea principal es comparar dos elementos y cambiarlos de posición hasta que los elementos de mayor o menor valor llegan al final del conjunto de datos. Como el intercambio se lleva a cabo de par a par, de los elementos más grandes o más pequeños, entonces, este algoritmo requiere una condición de parada que determina cuando el algoritmo se deberá detener, por lo general una variable que almacena si hubo o no hubo un intercambio en cada iteración del bucle de ordenación.

INTERCAMBIO: lógica, I,

AUXILIAR: integer;

NUMEROS: vector [50]: integer;

INTERCAMBIO = 1;

mientras INTERCAMBIO == 1 hacer

INTERCAMBIO = 0;

para I de 1 hasta 50 hacer

si VECTOR [I]> NUMEROS [I 1] entonces

NUMEROS AUXILIARES = [I];

NUMEROS [i] NUMEROS = [I+1];

NUMEROS [I +1] = auxiliar;

INTERCAMBIO = 1;

fin;

fin_para;

fin_mientras;

Ordenar por Inserción

El método de ordenación por inserción es un algoritmo de ordenación cuyo objetivo es recorrer una colección de valores de izquierda a derecha, ordenando los elementos procesados a la izquierda.

NUMEROS: vector [50]: integer;

I, J, VALOR: integer;

para j = 2 hasta 50 pasando 1 hacer

VALUE = NUMEROS [J];

I = J-1;

mientras I> 0 & A [I] > VALOR hacer

NUMEROS [I + 1] NUMEROS = [I];

I = -1

NUMEROS [I 1] = valor;

fin_mientras;

fin_para;

ALGORITMOS DE BÚSQUEDA

En el capítulo anterior, vimos algunos algoritmos que tienen como objetivo facilitar la organización de los datos con el fin de facilitar las operaciones sobre estos datos. Trabajamos con los vectores, ahora será capaz de aplicar con éxito estos algoritmos a cualquier colección de datos que están disponibles en los lenguajes de programación: arrays, listas, objetos, entre otros. En este capítulo seguimos los dos métodos de búsqueda más comunes, es decir, como se encuentra un cierto valor en una recopilación de datos. Hay muchos otros, y más eficiente para otras necesidades específicas, se puede ver en http://en.wikipedia.org/wiki/Category:Search_algorithms.

BÚSQUEDA LINEAL

En una búsqueda lineal analizamos los elementos de una colección de uno en uno hasta que encuentre el valor deseado. En este tipo de algoritmo, lo mejor que podemos esperar es que el valor se encuentre en la primera posición, pero si tenemos una colección de datos muy amplia, si el valor se encuentra en la última posición, tendrá un coste de procesamiento muy grande, siendo necesarios n procesamientos, donde n es el número de elementos de la colección. Supongamos que tenemos un vector de 50 posiciones y queremos encontrar un valor introducido por el usuario, su algoritmo se puede escribir:

NUMEROS: vector [50]: integer;

I, NUMEROBUSCADO: integer;

WRITE "Introduzca un número";

READ NUMEROBUSCADO;

Para I = 0 hasta I = 50 pasando 1 hacer

si NUMEROBUSCADO== NUMEROS [I] entonces

WRITE " Fueron encontrados" NUMEROS [I] "en la posición:" I;

I = 51; {obliga la detención del bucle para}

fin;

fin_para;

Vemos en este caso que el algoritmo tiene un conjunto de números, y buscamos un número, el mejor resultado esperado en este proceso será el número de la primera posición. Esto hará que el contenido del bucle sólo se recorra una vez. Para cada posición más que el número, el bucle se recorre n veces. Si esta en la última posición, el bucle se recorrería 50 veces. Esto demuestra la importancia de analizar siempre un conjunto de datos e identificar los mejores algoritmos de ordenación y de búsqueda: si asociamos un tiempo en el bucle para como un retardo de 1 segundo, en el peor de los casos se tardará más de 50 segundos. Si no le parece mucho tiempo, imagine esto en un vector con 50.000 valores diferentes. En este sentido, se puede entender el retraso en la ejecución de algunas aplicaciones, especialmente aquellas que utilizan bases de datos.

Podemos realizar una búsqueda como esta usando el comando MIENTRAS, por ejemplo. Lo que importa en la construcción de un algoritmo es su concepto: una forma de aplicación puede variar de acuerdo a la voluntad de los desarrolladores.

BÚSQUEDA BINARIA

La búsqueda binaria se basa en la idea de que la recogida de datos en la que se realizará la búsqueda está ordenada, por lo que siempre se recomienda utilizar algún algoritmo de ordenación si la colección no está ordenada de forma predeterminada. Esta divide la colección en dos partes, tomando el valor medio como una clave, que se compara con el valor introducido. Si no se encuentra el valor, comprueba si el valor introducido es mayor o menor que el valor buscado. Si es menor, la división busca en la primera mitad de la colección, sino en la posterior, dividiendo hasta alcanzar el valor esperado.

NUMEROS: vector [50]: integer;

I, NUMEROBUSCADO, MINIMO, MAXIMO, MEDIO: integer;

WRITE "Introduzca un número";

READ NUMEROPROCURADO;

MINIMO = 1;

MÁXIMO = 50;

repetir

MEDIO = (MAXIMO+MINIMO) / 2;

si NUMEROBUSCADO> NUMEROS [MEDIO] entonces

MINIMO = MEDIO + 1;

sino

MAXIMO = MEDIO - 1;

Para (NUMEROBUSCADO == NUMEROS [MEDIO]) || (MINIMO> MAXIMO);

fin_repetir;

Si NUMEROBUSCADO == NUMEROS [MEDIO] entonces

```
    WRITE "Fueron encontrados" NUMEROS [I] "en la
posición:" I;

    sino

    WRITE "No se ha encontrado el valor introducido en
el vector";

    fin;
```

PROGRAMACIÓN LÓGICA: CONCLUSIÓN

Los conceptos aprendidos en los capítulos anteriores sobre la programación lógica puede parecer limitada, pero es esencial para entender cómo programar cualquier lenguaje de programación. Sin embargo, sabemos que todos los conocimientos son necesarios para ser un buen desarrollador: Hay un sinfín de posibilidades que se pueden realizar a través de los lenguajes de programación, tales como el acceso a la base de datos, interfaz gráfica de usuario, entre otros, que vimos en este libro, que no forma parte de la lógica de programación básica. Pero no nos engañemos: todos estos conceptos los aprenderá, cuando comience con la programación lógica a medida que vaya desarrollando, en los lenguajes estructurados, las cosas pueden ser más complejas.

Con el aprendizaje en la lógica de programación, consigues la diferencia que distinguirte entre un verdadero desarrollador y los desarrolladores "Google": de los que sólo saben copiar el código de otras personas en Internet, pero no entienden cómo funciona el código. A día de hoy, en las organizaciones es muy importante: puede que no sepa el lenguaje utilizado por una empresa, pero si usted ya tiene las herramientas teóricas para resolver los problemas, comprenderá un lenguaje de programación mucho más rápido que una persona que no tenga estos conocimientos. Esto es debido a que un lenguaje de programación es una herramienta, no un fin. "Los expertos algún lenguaje de programación" pueden saber programar en un lenguaje, pero muchos sen pierden cuando se enfrentan un problema diferente de su día a día y se encuentran con que tienen sus conocimientos limitados a un lenguaje de programación.

Ahora usted tiene que decidir las formas de continuar mejorando: un desarrollador tiene varias opciones en la forma de proceder en su aprendizaje, y siempre debe de ir acompañado de sitios web, libros, foros, documentación y otros medios de aprendizaje, pero más allá de todo esto, lo que debe tener es un espíritu curioso: ningún desarrollador sabe todo sobre de un lenguaje de programación, pero usted debe saber lo que "quiere hacer". En este sentido, debe saber explorar y combinar las distintas opciones, y no tenga miedo de usar Google, pero no caiga en la trampa de simplemente copiar la creación de otra persona sin entenderla.

A continuación se presentan algunas opciones de caminos a seguir en el desarrollo:

- Desarrollo Desktop: el software de escritorio (desktop) es el nombre que damos a l software que se ejecuta en la máquina del usuario (es decir, la computadora de escritorio), a diferencia del software web que se ejecuta en un servidor central. Para trabajar en este segmento, se recomienda una mejora en la programación lógica centrada en programación orientada a objetos, que es un paradigma que tiene como objetivo mejorar, facilitar y reducir el código de producción. Por otra parte, para la mayoría de las aplicaciones actuales, el conocer los conceptos de bases de datos y de cómo conectar la aplicación a una base de datos es esencial. La recomendación para aquellos que quieran seguir este camino son los lenguajes: Java, C, Visual Basic y Delphi.

- Desarrollo Mobile: son las aplicaciones que se ejecutan en los dispositivos móviles tales como teléfonos móviles, smartphones, tabletas y similares. En general, estas aplicaciones requieren un conocimiento profundo del desarrollo de la arquitectura que tiene un dispositivo móvil ya que tiene menor capacidad de memoria y de procesamiento de una computadora ordinaria. Además, los elementos tales como la facilidad de uso son importantes porque un dispositivo móvil es más pequeño y no tiene accesorios para su manipulación como son los ratones y periféricos similares. Los lenguajes recomendados para estudiar son el AndroidSDK, Java ME, Python y Objective-C.

- Desarrollo web: el desarrollo web implica tanto a las aplicaciones internas de una organización (como una intranet corporativa) como a las aplicaciones para Internet. En este caso, además de los conocimientos mencionados en el desarrollo de escritorio, se recomienda estudiar redes de computadoras, con especial énfasis en los protocolos y en el modelo cliente-servidor, y el estudio de los lenguajes de marcado ya que los diferentes lenguajes de programación no especifican como representarlo gráficamente, pero tienen la necesidad de presentar la información que procesan. En estos casos, se requiere un aprendizaje de HTML y CSS. Los lenguajes de programación recomendados son PHP, Javascript y ASP.Net.

- Desarrollo scripts: este segmento es similar al segmento de escritorio, pero el énfasis no está en las aplicaciones visuales, sino en los scripts de creación para automatizar diversas necesidades del día a día. Los códigos Scripts pueden ser llamados por un software común o se pueden ejecutar de forma independiente para simplificar muchas de las necesidades que con un software estándar se realizaría a un coste mucho mayor. Las recomendaciones son las mismas que las usadas en el escritorio y en el desarrollo web, dependiendo del escenario en el que desee ejecutar las secuencias de comandos y lenguajes de programación recomendable son Python, Lua, y Ruby, o lenguajes de script de shell para Unix/Linux y archivos por lotes de DOS/Windows, que son herramientas para automatizar muchas de las funciones de estos sistemas operativos sin necesidad de utilizar lenguaje de programación externo.

Además, con el conocimiento Ingeniería del Software le permitirá no sólo planificar su software, sino poder establecer un conjunto de técnicas para diseñar, construir y probar sus programas con el fin de reducir el tiempo de desarrollo y tener una buena calidad en el producto final. Hoy, con la aplicación de software en las áreas críticas de la vida humana, esta calidad no sólo es deseable, sino necesaria.

LA INGENIERÍA DE SOFTWARE

La ingeniería de Software designa el conjunto de estudios, mecanismos y técnicas que tienen como objetivo producir software computacional de forma metódica y disciplinada. Diferenciándose, así, de la programación común por el foco exigente de la calidad del producto final y de la sistematización de los procesos que llevan a la generación y al mantenimiento de un software de calidad. De esta forma, un Ingeniero de Software es un profesional con la capacidad de comprender el problema que tiene que ser resuelto por un software y, utilizando recursos de ingeniería, determinar el mejor método de desarrollo de un software específico.

DEFINICIONES INICIALES

Llamamos software a un programa computacional, es decir, un conjunto de instrucciones en un lenguaje de ordenador, además de los archivos de configuración, documentación y otros elementos asociados a este programa. Llamamos sistema a la integración de todos estos recursos con los componentes de hardware, humanos y organizacionales un objetivo o una finalidad específica. Para alcanzar este objetivo, el software debe ser de alta calidad: esto se busca a través de la aplicación de un conjunto de actividades de Ingeniería, que es conocido como Proceso de Software. El Proceso de

Software envuelve la especificación, el desarrollo, la validación y la evolución de un software de calidad. Es decir realizado con técnicas y herramientas que tienen como objetivo minimizar los posibles riesgos y el coste envuelto en la producción de software, tanto de forma aislada como cuando está integrado en la estructura de una organización, formando así un sistema. Este último tipo de análisis es particularmente importante, ya que hay características emergentes que surgen debido a esta combinación y que no pueden ser detectados por el análisis individual de los componentes del sistema.

PROCESOS DE SOFTWARE

Se llama Proceso de Software al conjunto de actividades que tiene como objetivo desarrollar un software. Cada organización, conforme su conveniencia, crea y organiza estas actividades con el objetivo de lograr las finalidades inicialmente propuestas.

Los Investigadores de Ingeniería de Software buscaron, históricamente, modelaron esta organización en modelos genéricos de procesos. A pesar de existir muchos modelos diferenciados, en general, todos los modelos tienen algunas actividades consideradas fundamentales:

- Especificación: define el problema inicial, como el software debe ser, su viabilidad y los requisitos que deben cumplir;

- Desarrollo: es la creación del programa de ordenador propiamente dicho, convirtiendo la especificación anteriormente desarrollada en un sistema ejecutable;
- Validación: comprende las pruebas que deben ser realizadas con el software con el objetivo de detectar si cumple los objetivos inicialmente propuestos (conformidad);
- Evolución: comprende el mantenimiento y las posibles modificaciones que el software debe soportar para atender a las nuevas necesidades que surjan en el futuro.
- Los principales modelos propuestos por los investigadores hasta hoy son: el modelo cascada, modelo evolutivo. Lógicamente, no hay un modelo peor o mejor, pero hay modelos convenientes o inconvenientes de acuerdo con la organización.

Modelo cascada

El modelo en cascada ordena los procesos de desarrollo del sistema en una forma secuencial de forma que una fase del proyecto de desarrollo del sistema sólo se inicia cuando una fase anterior ya ha sido finalizada. Este es el modelo básico que emplean la mayoría de las organizaciones que desarrollan sistemas, donde el retorno a una etapa anterior puede acarrear un gran coste al proceso de desarrollo. Este tipo de modelo, sin embargo, es adecuado para una gestión simplificada.

Los principales estados que suelen tener este modelo son:

- Análisis y definición de requisitos;
- Proyecto de software;
- Implementación y prueba de unidades;
- Integración y prueba de sistemas;
- Operación y mantenimiento.

Modelo evolutivo

Este modelo tiene como objetivo la creación de un modelo inicial de un software (prototipo), sometiendo este prototipo a la valoración del usuario y refinando el prototipo de acuerdo a esta valoración. Es decir, es realizado de forma continua hasta que se obtenga un software considerado apropiado.

Modelo incremental

El modelo incremental combina los dos modelos anteriores: en este modelo, son determinadas las funcionalidades más importantes del software y son definidas que funcionalidades serán entregadas de manera periódica. Se inicia el desarrollo con el objetivo en estas entregas, que pueden ser puestas en producción a partir del momento de entrega, siendo independiente del desarrollo y de las entregas posteriores.

Modelo espiral

En este modelo, el proceso de desarrollo está representado por una espiral. El desarrollo sigue etapas continuas, sin embargo después de la finalización de un conjunto diferente de etapas, se ejecuta un nuevo conjunto de etapas sobre el producto que se ha obtenido anteriormente.

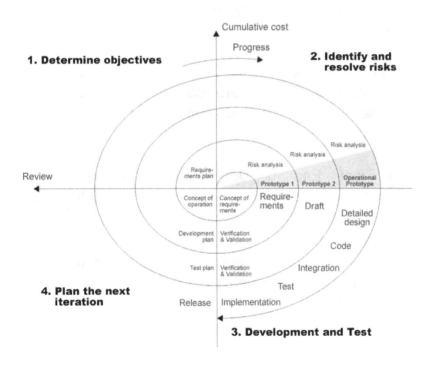

Herramientas CASE

Las herramientas Computer-Aided Software Engineering (CASE) es el nombre que se le da al conjunto de herramientas de software que tienen como objetivo automatizar y auxiliar en el proceso de creación de los sistemas de software. De esta forma, las herramientas CASE buscan reducir el "trabajo manual" que un Ingeniero de Software debe invertir al desarrollar sus programas. Existen diversas herramientas de planificación, edición, prototipación, prueba, documentación y etc, tanto de pago como libres que pueden ayudarnos en el desarrollo de software.

No hay un estándar definido para la categorización de las herramientas CASE, pero los siguientes elementos suelen ser comúnmente utilizados en el mercado del desarrollo:

- Front End o Upper CASE: sirven como herramientas de apoyo para el análisis, el proyecto y la implementación.
- Back End o Lower CASE: sirven como herramientas de apoyo a la codificación, para las pruebas y el mantenimiento.
- I-CASE o Integrated CASE: describen las herramientas que integran las dos categorías anteriores.

Norma ISO/IEC 14102

Esta norma trata sobre la selección y la evaluación de las herramientas CASE, estableciendo procesos y actividades que deben ser aplicadas en la evaluación de herramientas y en la selección de la herramienta más apropiada de entre las diversas disponibles.

Definición de los principales actores en tecnología

En los textos de informática, tecnología de la información y otros afines, existen diversos nombres para definir las diversas personas/grupos interesados en un producto/servicio desarrollado en estas áreas. Aunque muchas personas utilicen estos nombres como sinónimos, estos nombres son diferentes y deben ser entendidos para una correcta interpretación de su sentido. Estos nombres no son concurrentes entre sí, pero en diversas situaciones, un mismo individuo/grupo puede asumir dos o más papeles, de acuerdo con el contexto en el que está insertado.

Stakeholder

El stakeholder (parte interesada) es cualquier usuario (persona, grupo de personas u organizaciones) afectado por el producto/servicio/sistema de alguna forma. Esto incluye a los usuarios directos del producto/servicio/sistema, los desarrolladores, los clientes, los proveedores, los órganos gubernamentales y los mismos usuarios que directamente no manipulan el producto/servicio/sistema (o aún no saben que este existe), pero cuyos efectos del producto/servicio/sistema pueden interferir de alguna forma en las actividades de estos.

Usuario

Usuario es aquel que utiliza un producto/servicio por obligación, ya sea por deber, o ya sea por derecho. Un ejemplo técnico es un desarrollador de una empresa: este es un usuario del ordenador que utiliza, ya que tiene el derecho de uso (no de propiedad), teniendo el deber de utilizar este equipamiento para realizar su servicio.

Cliente

Cliente es aquel que utiliza los servicios de un profesional/grupo competente (p.ej. médicos, abogados, contables) en una tarea específica. Esto significa que es aquel que utilizar los servicios en busca de la protección legal que garantizan estos profesionales.

Por ejemplo, si una empresa contrata otra para prestar servicios de informática, aquella es cliente de esta, ya que contrató a un grupo especializado para prestarle servicios específicos.

Consumidor

Consumidor es aquel que escoge y evalúa un servicio/producto para uso propio (consumo), gastando en aquello que sea de su interés.

INGENIERÍA DE REQUISITOS

La ingeniería de Requisitos es un conjunto multidisciplinar de procesos, cuya función es definir, viabilizar, validar y documentar los requisitos de un sistema, informático o no.

En general, se define un requisito como una necesidad del cliente mapeada de forma objetiva, completa y no ambigua y es sobre esta necesidad donde se basarán las acciones posteriores de desarrollo del sistema. Llamamos requisitos de software al análisis interpretado con el identificación de los requisitos en el ámbito de la Ingeniería de Software.

El objetivo principal de la Ingeniería de Requisitos es determinar las necesidades principales de un sistema, creando procesos viables para su resolución y manteniendo una documentación y un control constante de que estas necesidades han sido satisfechas durante el desarrollo del sistema. Muchos problemas de desarrollo y en la estructura del sistema pueden ser evitados a través de un correcto análisis de los requisitos. Para apoyar el alcance de estos objetivos, es importante que una organización tenga el proceso de Ingeniería de Requisitos bien definido y estandarizado, algo que normalmente no ocurre.

Cada organización debe desarrollar y estandarizar el proceso de Ingeniería de Requisitos conforme sus necesidades específicas. En general, cualquiera que sea el proceso utilizado, tendrá los siguientes pasos:

- Licitación de Requisitos: es decir, analizar y descubrir los requisitos de sistema. En general, este proceso envuelve un análisis global de la visión y del alcance del sistema, de los objetivos de uso, de la identificación de los usuarios que usarán el sistema y de sus necesidades específicas (a través de entrevistas, estudios y etc).

- Análisis y negociación: en este paso, los requisitos detectados deben ser analizados y se debe llegar a un consenso sobre determinadas necesidades. Los usuarios puede no sepan describir de forma correcta sus necesidades sobre cómo usar el sistema o pueden tener visiones diferentes sobre las actividades que deben ser realizadas para una determinada necesidad. Una organización puede tener incontables restricciones burocráticas, financieras, temporales, tecnológicas y humanas que no hacen viables que determinadas soluciones sean llevadas a cabo. En general, el análisis y la negociación demandan actividades de dibujo, prototipación, estandarización (diccionario de datos), diagramas de flujo, análisis de viabilidad y análisis de prioridades.

- Validación de Requisitos: en este paso se debe analizar cada requisito, verificando su consistencia, integridad y detectando los posibles errores.

- Especificación de Requisitos: en esta fase, se debe especificar y documentar los requisitos de tal modo que puedan ser consultados por todos aquellos que participan del desarrollo del sistema. Es bastante común la utilización de modelos estandarizados para modelar cada requisito, permitiendo insertar su nombre, su prioridad, sus usuarios, los responsables, las reglas de negocio y otras observaciones.
- Gestión de Requisitos: esta actividad es paralela a las actividades anteriores, y tiene como objetivo gestionar los requisitos verificando los posibles cambios (inclusiones, exclusiones o actualizaciones) de requisitos durante el proceso de desarrollo del sistema.

Un cambio de un requisito puede impactar directamente en otros requisitos que estén relacionados o dependan del requisito modificado, de manera que es importante entender las dependencias entre los requisitos (trazabilidad).

REQUISITOS Y STAKEHOLDERS

Un requisito es una característica o comportamiento que un determinado producto, servicio o sistema debe proveer para satisfacer las necesidades de los stakeholders del sistema. Los requisitos describen los objetivos del producto/servicio/sistema, como deben comportarse, las condiciones de operación, las restricciones a la que estarán sometidas y otras informaciones. El identificación de los requisitos es una etapa esencial para el posterior desarrollo de un proyecto del producto/servicio/sistema, ya que el conjunto de requisitos son los que suministran la base para la construcción del producto/servicio/sistema. Determinar correctamente los requisitos minimiza los fallos y los problemas del producto o servicio desarrollado posteriormente. Esto demanda un profesional especialista en este tipo de segmiento que, en general, es conocido como el Analista de Requisitos.

La fase de desarrollo de los requisitos posee, en general, las siguientes etapas:

- Identificación de los Requisitos;
- Análisis de los Requisitos;
- Especificación de los Requisitos
- Validación de los Requisitos.

STAKEHOLDERS

Los requisitos son objetivos o restricciones establecidos por los stakeholders. El stakeholder es cualquier usuario (persona, grupo de personas u organizaciones) afectado por el producto/servicio/sistema de alguna forma. Esto incluye los usuarios directos del producto/servicio/sistema, los desarrolladores, los clientes, los proveedores, las instituciones gubernamentales e incluso los usuarios que directamente no manipulan el producto/servicio/sistema (o no saben que este existe), pero cuyos efectos del producto/servicio/sistema pueden interferir de alguna forma en las actividades de estos.

Es necesario, que antes de llevar a cabo cualquier paso posterior, es muy importante detectar los principales stakeholders y las necesidades de estos. Como vimos anteriormente, los stakeholders pueden ser un grupo muy amplio, lo que puede hacer inviable el análisis de todas las necesidades que envuelven en el desarrollo. En este caso, se deben identificar las principales necesidades que envuelven el producto/servicio/sistema para poder ser analizadas y estimar las necesidades generales de aquellos puntos que no pueden ser directamente analizados.

Los requisitos son mapeados a través del análisis de las necesidades de los stakeholders.

En la mayor parte de los stakeholders, nos solemos preocupar sólo de la funcionalidad del producto/servicio/sistema, pero no nos preocupamos (o aún no conocemos) de la parte técnica de como el producto/servicio/sistema será desarrollado. Esto puede traer incontables problemas: en general, los stakeholders pueden no saber expresar de forma coherente y sistematizada sus necesidades reales y de los intereses de los stakeholders que pueden entrar en conflicto entre sí o con aquello que los desarrolladores del producto/servicio/sistema pueden o saben hacer. El Analista de Requisitos debe saber utilizar las herramientas apropiadas para determinar de forma correcta las necesidades de los stakeholders, además de buscar el consenso para subsanar los posibles conflictos y producir un conjunto de requisitos que puedan satisfacer a todos los stakeholders envueltos, o caso de que no sea posible, informar de los motivos por los cuales un determinado requisito no se puede cumplir.

Siempre es importante darse cuenta de que se debe oír la voz de los stakeholders como un medio de agregar valor a productos y servicios. Por desgracia, este aspecto no es tomado en cuenta por muchos desarrolladores actuales que sufren del síndrome de Steve Jobs, juzgando que sus productos/servicios no necesitan de la aprobación por parte de nadie. Otros no consiguen, de forma adecuada, identificar los requisitos de los stakeholders, suministrando un producto/servicio final desfasado o inadecuado para los stakeholders que lo consumen. En el actual escenario en el que existe un gran grupo de empresas y desarrolladores con capacidades semejantes para construir un mismo tipo de producto, es importante que los desarrolladores se den cuenta que no basta sólo con crear un producto/servicio funcional y libre de errores, sino que también debe buscar maximizar la calidad positiva, minimizando la brecha entre lo que es producido por el desarrollador y lo que es esperado por los stakeholders.

IDENTIFICACIÓN DE REQUISITOS

La identificación de Requisitos es el nombre que le da al proceso de identificar, junto a los stakeholders, los requisitos que un sistema debe cumplir. Existen diversas técnicas para la identificación de requisitos, entre las cuales se incluyen: entrevistas, cuestionarios, observación y estudio, reuniones, prototipación y brainstorming.

HERRAMIENTAS PARA LA IDENTIFICACIÓN DE REQUISITOS

ENTREVISTAS Y CUESTIONARIOS

La entrevista es la técnica más utilizada y corresponde a identificar a los stakeholders convenientes y a mantener conversaciones técnicas para la identificación de los requisitos del sistema que va a ser desarrollado. En general, son escogidas para estas entrevistas las principales personas y grupos de personas que usarán o recibirán algún impacto del sistema y su objetivo es determinar cuáles serán los usos que los stakeholders harán del sistema, el entorno que utilizarán, cuáles serán las limitaciones y cualificaciones de cada stakeholder y los niveles de acceso y el uso que este hará del sistema. El entrevistador debe ser una persona con conocimiento técnico, pero con buena habilidad de conversación y con habilidad de relacionar los diversos niveles de la organización.

El proceso de entrevista puede ser sistematizado de la siguiente forma:

- Establecer los objetivos de la entrevista que va a ser realizada: las entrevistas no pueden ser organizadas correctamente si no fueron establecidos sus parámetros (características que deberán ser identificadas en el proceso) y sus finalidades. De esta forma, es correcto tener un conjunto de requisitos para que sean detectados en la entrevista, y añadir o retirar requisitos conforme a las necesidades de los stakeholders.
- Escoger a los stakeholders que deberán ser entrevistados: es importante detectar a todos los stakeholders que deberán utilizar el sistema. Por lo general, la cantidad y la disponibilidad de los stakeholders para las entrevistas individuales puede traer innumerosos problemas, la técnica común para escoger los stakeholders es:
  - los que más utilizan el sistema;
  - los que tener impactos por el sistema;
  - los que representan, de forma conveniente, a un grupo de stakeholders con las mismas características.
- Decidir las cuestiones y como serán estructuradas: basado en los objetivos y en los stakeholders, es posible establecer las

cuestiones/preguntas que deben ser presentadas.

Las cuestiones deben ser formuladas de forma que no sean ambiguas y que sean, en general, cuantificables para permitir su posterior conversión en requisitos consistentes. Las cuestiones de carácter abierta y subjetivas también pueden ser formuladas para detectar otras características que no fueron previstas inicialmente por los entrevistadores.

El proceso de cuestionario es semejante al proceso de entrevista, sin embargo comúnmente se asume la forma de un conjunto de preguntas escritas y que los stakeholders deberán responder. El cuestionario puede ser presentado vía papel o sistema electrónico, y, en muchos casos, es llevado a cabo en las entrevistas: inicialmente los stakeholders responden a los cuestionarios y las respuestas son analizadas por los analistas que, posteriormente, utilizarán entrevistas para esclarecer las dudas sobre las respuestas presentadas.

Observación y Estudios

La observación es una técnica que demanda que los analistas vean la rutina de la organización, observando y analizando las acciones efectuadas. Basado en este análisis es posible detectar errores en los procesos, determinar que actividades pueden ser automatizadas y como el sistema deberá ser implementado en la rutina de la organización. Dentro de esta técnica están los estudios, que implica el análisis de las documentaciones (de sistemas o de la organización), contratos y leyes para determinar cuáles son las posibilidades y limitaciones de los requisitos a ser modelados.

Reuniones

Dentro la identificación de requisitos, una reunión con un grupo de stakeholders es un encuentro conducido por un moderador, donde cada stakeholder (o grupo de stakeholders) analiza los requisitos propuestos por los analistas del proyecto a partir de los procesos de entrevistas, cuestionarios, observación y estudios. Estos stakeholders deberán describir sus observaciones, criticando, sugiriendo y validando los requisitos identificados, de forma que pueda obtener un conjunto de requisitos consistentes al final de estos encuentros.

Identificando Requisitos

La etapa de análisis de requisitos es importante para el desarrollo de sistemas. Es la primera etapa que será realizada y donde se hará un mayor esfuerzo para garantizar que no haya problemas en el desarrollo del proyecto. Los requisitos definen las características que el sistema debe proveer para satisfacer las necesidades de los stakeholders.

Documento de especificación de requisitos

Estas características deben constar de un documento (llamado de Documento de Especificación de Requisitos), que puede ser construido con la siguiente estructura:

- Introducción
  - Descripción Genérica del Sistema
  - Descripción de la Estructura del Sistema
  - Flujograma del Sistema
  - Descripción Funcional
  - Interfaces del Sistema
  - Restricciones y limitaciones
  - Rendimiento
  - Cronograma
  - Costes
- Stakeholders
  - Stakeholders del sistema y sus prioridades
- Requisitos de Sistema
  - Requisitos funcionales
  - Requisitos no-funcionales
  - Reglas de negocio

Definiendo un requisito

Cuando definimos un requisito, en general, creamos una lista de los requisitos que pueden ser de la siguiente forma:

- Identificador: código único que lo diferencia de los

demás requisitos;

- Nombre del Requisito: nombre del requisito;
- Tipo de Requisito: es decir, si es un requisito es funcional o no-funcional;
- Prioridad: que puede ser (1) esencial – requisito imprescindible, (2) importante – requisito prescindible, pero necesario para buen funcionamiento del sistema y (3) deseable- el requisito no interfiere en la funcionalidad del sistema;
- Fuente de Información: nombre de la persona (o del documento) que originó el requisito;
- Descripción: una descripción ambigua del requisito, siendo recomendada la utilización de sentencias simples y que describan de forma completa las características del requisito;
- Entrada de datos: cuáles son los datos necesarios para que el requisito sea solucionado;
- Salida de datos: los datos generados por el procesamiento después de que el requisito se haya cumplido.

Requisitos Funcionales

Un requisito funcional es una interacción entre el sistema y el entorno en el que está insertado, o sea, como el sistema debe comportarse delante de un estímulo externo, sin considerar las restricciones físicas. Ejemplos de requisitos funcionales:

- El sistema debe permitir que el usuario dé de alta, actualice y excluya un cliente;
- El sistema debe permitir que el usuario de recursos humanos pueda obtener informes de producción.

Requisitos No-funcionales

Los requisitos no-funcionales son aquellos que describen las restricciones del sistema y que conllevan limitaciones para las soluciones propuestas para resolver determinadas necesidades. Estos requisitos pueden relacionarse con las características del sistema o del producto que se va a desarrollar, los requisitos de desarrollo y los requisitos externos. Ejemplos de requisitos no-funcionales:

- El sistema debe ser desarrollado para sistemas Microsoft Windows 7 o superior;
- El sistema debe ofrecer respuestas cuyo procesamiento tarde, a lo sumo, 5 segundos;
- El sistema no debe costar más del que 20.000€;

Reglas de Negocio

Las reglas de Negocio son un tipo restrictivo de los requisitos No-Funcionales. Se tratan de requisitos recurrentes de políticas, normas y condiciones organizacionales que deben ser satisfechas por el sistema. Ejemplos de reglas de negocio:

- Un cliente no puede escoger tarjeta de crédito como opción de pago si el valor de la compraventa es menor de 10,00€;
- Un curso online puede contener, a lo sumo, 50 alumnos;
- El usuario y la contraseña deben contener, como mínimo, 8 caracteres cada y mezclar números y letras.

Gestión de Requisitos

La Gestión de Requisitos describe el conjunto de procesos que tienen como objetivos controlar los requisitos de sistema desde su identificación, su documentación, su implementación y su posterior mantenimiento.

Gestión de Cambios de Requisitos

Un requisito, por normal general, no se mantiene de la misma forma en la que fue identificado originalmente. Esto ocurre porque muchos de los eventos identificados durante el proceso puede que se hayan convertido en ineficaces, desfasados o innecesarios. Las posibles modificaciones sobre los requisitos durante el proceso de desarrollo de un proyecto o sistema deben ser administradas, en lo que es conocido como Gestión de Cambios de Requisitos. Su objetivo principal es planear y documentar todas las modificaciones realizadas en los requisitos, a modo de garantizar la consistencia de estas informaciones, además de mantener actualizados todos los documentos que utilizan los requisitos identificados. Los cambios de requisitos pueden ser provocados por diversos motivos que incluyen cambio de necesidades, cambio de tecnologías, identificación incorrecta o incompleta de los requisitos originales, etc.

El proceso de gestión de cambios de requisitos puede ser efectuado de la siguiente forma:

- Estandarizar la solicitud del cambio/modificación: el cambio de un requisito debe ser realizado por un medio formal por los interesados y validado por el Analista de Requisitos. La solicitud de modificación debe ser documentada y analizada para visualizar la viabilidad de su ejecución.
- Verificar las dependencias del cambio: se debe verificar las consecuencias del cambio entre todos los requisitos y en el sistema como un todo.
- Modelar y simular el cambio: se debe crear un modelo del cambio y estimar el coste y tiempo de su implementación.
- Generar el cambio adecuado: después de crear un modelo y probar su eficiencia, deben ser realizadas las modificaciones adecuadas en los requisitos.

Herramientas CASE

A pesar de no ser obligatorio, el uso de herramientas CASE es recomendado para la gestión de requisitos. En general, la gestión de requisitos puede ser efectuado a través del uso de plantillas, pero cuando la cantidad de requisitos y su complejidad son muy altas, existe software específico que pueden ser utilizados. Por desgracia, buena parte de estos productos todavía son muy caros que el uso se extienda en las organizaciones. Un par de buenos ejemplos de herramientas en este sentido son: Rational Requisite Pro (IBM) y Caliber (Borland).

Trazabilidad de Requisitos

La Trazabilidad de Requisitos designa la capacidad de rastrear la estructura de relaciones entre los requisitos, a modo de poder comprender los impactos que el cambio en un requisito específico puede provocar en el desarrollo de un sistema. Para gestionar la trazabilidad, en general, se utiliza la Matriz de Trazabilidad. En este tipo de matriz, cruzamos los requisitos entre sí y verificamos aquellos que interfieren entre sí.

El modelo de Matriz de Trazabilidad posee la siguiente forma:

	Requisito 1	Requisito 2	Requisito 3	Requisito 4
Requisito 1				
Requisito 2				
Requisito 3				
Requisito 4				

La columna vertical de requisitos representa los elementos activos de las relaciones y la columna horizontal representa los elementos pasivos de la relación. Como ejemplo de uso de la matriz de trazabilidad, vamos a imaginar un sistema educacional con dos reglas de negocio: RN1 (el alumno que puede darse de alta en, a lo sumo, cinco asignaturas por semestre) y RN2 (la publicación de notas deberá suceder hasta 60 días después del término de la asignatura). Así, por ejemplo, estas reglas de negocio interfieren directamente sobre la Inclusión de Asignaturas por Alumnos y Publicación de Notas, respectivamente:

	RF1: Registro de Alumnos	RF 2: Registro de Profesores	RF 3: Registro de Disciplinas	RF 4: Inclusión de Disciplina por Alumnos	RF 4: Publicación de Notas
RN1				*	
RN2					*

El vínculo puede suceder no solamente entre requisitos, como el caso anterior, pero también entre requisitos y otros elementos, como Documentaciones, Casos de Pruebas, Módulos de Sistema, etc.

MODELADO ORIENTADO A OBJETOS

INTRODUCCIÓN A LA MODELADO ORIENTADA A OBJETO

Uno de los mayores problemas de la computación es determinar el nivel de abstracción que buscaremos para analizar la necesidad a ser solucionada. Los dispositivos computacionales son formados de componentes electrónicos y mecánicos, cuyo procesamiento básico es realizado por la variación de la tensión a través de estos componentes. Lógicamente, desarrollar sistemas complejos en este nivel puede llevar consigo un gran coste de tiempo y dinero, además de favorecer a los posibles fallos.

Históricamente diversos investigadores y grupos de investigaciones buscaron sistematizar modelos lógicos, es decir, un tipo de desarrollo de más alto nivel, que permitiera estructurar lógicamente un sistema computacional, pero sin la necesidad de conocer un nivel más bajo de desarrollo. Hay diversos modelos de análisis y desarrollo disponibles en el mercado, cada cuál para una necesidad específica y un enfoque específico. No hay un modelo mejor o peor, más avanzado o menos avanzado, sino que hay modelos convenientes para cada tipo de necesidad. Por esto, es siempre conveniente que un Ingeniero de Software realice un análisis preliminar del dominio del problema para determinar cual será el tipo de desarrollo que se va a utilizar.

De entre estos modelos, la Orientación a Objetos es un paradigma poderoso y conveniente para las necesidades en las que debemos modelar el mundo real para una determinada necesidad computacional (p.ej. un sistema de dar de alta a pacientes de un hospital).

ORIENTACIÓN A OBJETOS

El paradigma de Orientación a Objetos (OO) tiene como objetivo modelar el mundo en clases (modelos de un determinado tipo de cosa) y objetos (una cosa propiamente dicha). De esta forma, podemos crear, por ejemplo, una clase llamada balón, con características que todos los balones deben tener: tamaño, color, etc. Pero un objeto llamado mi balón que posee un tamaño, un color y unas características específicas, que se diferencia de otro balón, por ejemplo, del balón de mi vecino que es otro objeto con color, tamaño y otros elementos diferentes. Los dos balones, sin embargo, aún siendo diferentes, poseen las características de la clase balón. Un modelado básico tendrá diversas clases que implementan diversos objetos que están relacionados entre sí. Estas relaciones son formalizadas lógicamente y poseen reglas bien definidas para ser implementadas con éxito en sistemas computacionales.

Este tipo de modelado ha sido aplicado, con éxito, en

modelos de programación como los lenguajes Java, C++ o Python y entre muchos, bases de datos, análisis de software, entre otros elementos.

HISTORIA

El origen de los términos "objetos" y "orientación" aparecen a finales de los años de 1950, en el MIT, como un enfoque dentro del lenguaje LISP: dentro de este lenguaje el objeto se refiere a un elemento con propiedades (atributos). Sin embargo, la primera aplicación formal de Orientación a Objetos fue en la década de 1960 con el lenguaje de programación Simula 67, introduciendo conceptos de clases e instancias (objetos). Simula fue utilizado para modelar, por ejemplo, el movimiento de navíos y de su contenido. Fue el lenguaje que influenció en diversos lenguajes posteriores como el Smalltalk y C++.

El lenguaje Smalltalk fue desarrollada por Xerox PARC en la década de 1970 e introdujo el término "programación orientada a objetos". En la misma década, la comunidad LISP desarrolló diversos experimentos que llevaron al surgimiento del Sistema Common Lisp Object System(CLOS), que integra la programación funcional y la programación orientada a objetos.

En la década de los años 80, se hubieron diversas tentativas de desarrollo de procesadores, como el Intel iAPX 432 y el Linn Smart Rekursiv, con soporte de hardware para los objetos en memoria, pero que finalmente no tuvieron un buen final.

Con la popularización de los sistemas computacionales a partir de los años 90 y las necesidades del aumento de productividad por parte de las organizaciones, la OO se hizo más popular. Esto hizo que fuera incluida en diversos lenguajes o que nuevos lenguajes fueran desarrollados exclusivamente sobre este modelo (como el caso de Java y Python).

MODELO CONCEPTUAL DE ORIENTACIÓN A OBJETO

El proceso de construcción de un Modelo Conceptual de Orientación a Objetos es muy semejante al proceso ejecutado en las Bases de datos. La función del Modelo Conceptual es construir un dibujo básico, que pueda ser transformado en un modelo apropiado para el análisis y la aplicación por parte del desarrollador.

La construcción del modelo conceptual se inicia con un análisis de los requisitos iniciales del sistema. En este proceso, debemos saber lo que el sistema deberá hacer (esto permite limitar el alcance del proyecto y eliminar diversos análisis innecesarios) y los requisitos que el sistema debe cumplir. Basado en estos elementos, es posible identificar las principales entidades iniciales que deberán ser modeladas por el sistema.

Llamamos entidad a una cosa del mundo que queremos modelar, que tendrá diversos valores diferentes y que deseamos manipular dentro de nuestro programa, excluyendo toda entidad que sea irrelevante para nuestras necesidades. Es importante destacar que una entidad no necesita ser necesariamente un objeto del mundo real: puede definir personas, funciones de personas, eventos, etc.

Veamos un ejemplo: Si nuestra necesidad es la creación de un sistema para un hospital para registrar las consultas de los pacientes, podemos estimar que las principales entidades son: pacientes, médicos y consultas. Por otra parte, no nos interesamos por los diversos otros tipos de elementos que podríamos añadir pero que no forman parte de lo que queremos modelar.

Después de identificar las entidades de nuestro sistema, debemos saber qué características de cada entidad serán de nuestro interés para poder manipular los datos dentro del sistema y cuáles serán las relaciones (si existen) entre las entidades. Así, como los atributos que nos interesan de cada entidad:

- ¿Qué cosas interesantes debería guardar un hospital sobre un paciente? Algunas características básicas de ejemplo, interesantes, son: nombre, fecha de nacimiento, documento de identidad, nombre del padre y nombre de la madre. Algunas características como, por ejemplo, equipo de fútbol favorito, puede no ser interesante para nuestro sistema, entonces no las incluiremos.

- Las características que tal vez interesen de un médico son: nombre, número de licencia, especialidad.
- Las Características que tal vez interesen de una consulta son: fecha de consulta, hora, paciente y médico.

Una vez definidos los atributos, ya podemos definir las relaciones entre ellos:

- El paciente marca una consulta.
- Cada consulta es atendida por un médico.
- El paciente sólo se relaciona con un médico a través de una consulta.

Después de estos elementos, ahora podemos definir las posibles restricciones entre las entidades en el dominio del sistema:

- Un paciente sólo puede seleccionar una consulta para un determinado día y hora.
- Un médico sólo puede estar vinculado a una consulta un determinado día y hora.

Este modelo conceptual, ya está básicamente listo: este debe incluir lo que el sistema deberá hacer, cuáles son las principales entidades que deben ser manipulados por el sistema, sus características, las relaciones y las restricciones. Basándose en este modelo, el desarrollador puede evolucionar en dirección a un modelado más consistente y lógico.

CLASES EN LA ORIENTACIÓN A OBJETOS

Clase es el nombre que damos a la descripción de atributos y a los comportamientos de un grupo de objetos con las mismas características (atributos) y acciones (métodos).

Objeto es el nombre dado a la instancia de una clase, es decir, a los valores individuales para una determinada clase. Podemos comparar una clase como un molde de un grupo de objetos, mientras que los objetos son los modelos específicos generados a la partir del mismo molde.

Conforme a lo que hemos visto en el Modelo Conceptual de Orientación a Objeto, nuestra necesidad preliminar antes de iniciar un modelado de clases es determinar las entidades que serán identificadas por el sistema. Estas son las necesidades que ahora deberemos transformar en clases posibles de ser implementadas en un sistema computacional.

En UML, representamos una clase a través de la siguiente figura:

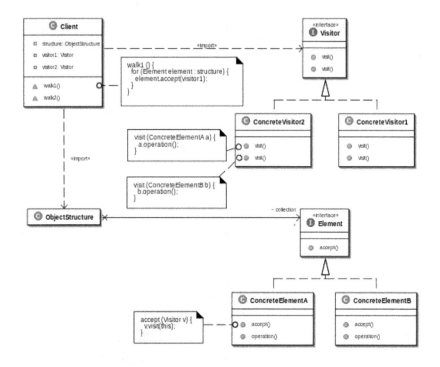

En el cuadro superior deberemos colocar el nombre de la clase que estamos creando. En los atributos deberemos insertar las características que la clase posee. En los métodos, deberemos insertar las acciones que la clase puede ejecutar.

Nombre de la Clase

El nombre de la clase es su identificador ante las otras clases con las que se relaciona, por esto no se puede repetir. Dentro de lo ya citado en el Modelo Conceptual de Orientación a Objeto, podemos crear las siguientes clases:

Atributos de la Clase

El Atributo representa a una característica que todos los objetos de una misma clase comparten (p.ej. todos los balones poseen las características tamaño y color, aunque cada balón posea estos valores diferentes). Una clase puede tener cualquier número de atributos, a pesar de que siempre se recomienda restringir los atributos a una cantidad que pueda ser fácilmente gestionada.

La notación UML sugiere que el nombre de los atributos debe comenzar con letra minúscula, pero que cada palabra que componga el nombre del atributo inicie en mayúscula. Por ejemplo: nombre, nombrePadre, edadMadre.

Al representar los atributos de una clase, se puede escribir sólo el nombre de los atributos o el nombre del atributo y su tipo, en el formato nombre del atributo:tipo donde tipo define el tipo de datos que el atributo puede asumir. Estos tipos son:

- int: entero
- String: texto
- double: con decimal
- bool: booleano
- date: fecha
- time: hora

Además de definir el tipo de datos, se puede utilizar el formato: nombre del atributo:tipo=valor en que el valor define el valor inicial que el atributo debe iniciar siempre.

MÉTODOS DE LA CLASE

Los Métodos son acciones que una determinada clase puede realizar, es decir, dentro del escenario modelado, son las acciones que cada clase puede realizar. En términos prácticos, son los nombres de las funciones que la clase puede implementar.

Cada método posee una firma que está compuesta del siguiente formato: nombre del método (parámetros):tipo de retorno. Los parámetros definen los valores que van a ser recibidos por el método para realizar su acción, en el formato: parámetro y tipo (semejante a la funciones de los lenguajes de programación). El tipo de retorno define el tipo de dato (int, String, etc) que el método retornará.

VISIBILIDAD DE ATRIBUTOS Y MÉTODOS

Podemos definir la visibilidad, es decir, cuando un determinado atributo o método es accesible. Esto importante, ya que en la práctica restringimos los atributos, normalmente, para ser accedidos por la propia clase, mientras los métodos pueden ser accedidos por otra clase. Es decir, se realiza para garantizar la consistencia y la seguridad de los datos.

En UML, representamos esta visibilidad a través de tres símbolos:

BankAccount
+ owner : String + balance : Dollars
+ deposit (amount : Dollars) + withdrawal (amount : Dollars) # updateBalance (newBalance : Dollars)

- +: público. Cualquier clase externa puede manipular el elemento.
- -: privado. Sólo puede ser manipulado por los elementos de la propia clase.
- #: protegido. El acceso es garantizado para los elementos de la propia clase y de las sub-clases.

El símbolo de visibilidad debe ser colocado antes del atributo o del método deseado.

ASOCIACIONES ENTRE CLASES EN ORIENTACIÓN A OBJETOS

Las clases se relacionan entre sí a través de elementos conocidos como asociaciones, que pueden ser de cuatro tipos:

- Generalización (Herencia);
- Composición;
- Agregación;
- Dependencia.

Hay un conjunto de elementos gráficos que representan cada tipo de asociación:

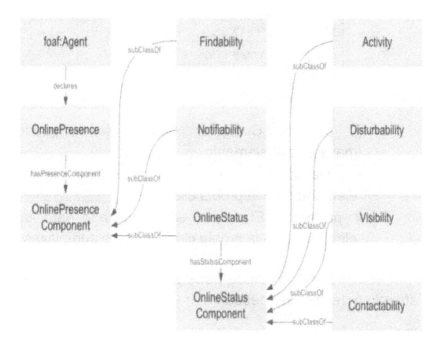

El elemento más básico que puede ser utilizado para representar la conexión entre dos clases es la línea simple, que muestra que las clases en cuestión están conectadas de alguna forma. Sin embargo, se recomienda que haya un mejor refinamiento para una asociación más específica.

En UML representamos las asociaciones convenientes, colocando sobre las líneas, al lado de cada clase, la cantidad mínima de veces y la cantidad máxima de veces que la clase puede aparecer en esta asociación. Se considera que el valor más pequeño posible es 0 (cero) y el mayor valor posible * (que simboliza infinitas veces), siendo aceptado cualquier valor entero intermediario.

GENERALIZACIÓN (HERENCIA)

Relaciona una clase más genérica (superclase) con una clase más específica (subclase),o sea, hablamos de que la subclase tal es un tipo especial de una clase tal. Esto significa que la clase más específica posee todas las características de la clase más genérica, más sus propias características, y que la subclase nunca pueda modificar las características de la superclase.

El símbolo que representa la herencia es la flecha, donde el triángulo de la flecha debe estar del lado de la superclase. En el ejemplo de abajo, por ejemplo, Coche y Moto son herederas de las características de Vehículo, o sea, Coche y Moto poseen sus propios atributos más los atributos de Vehículos.

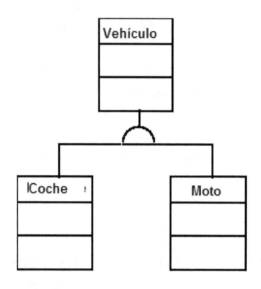

Agregación

En la agregación, una clase es un atributo de otra clase.

Composición

En la composición, una clase forma parte de otra clase, siendo que esta no existe sin aquella otra clase, siendo, así, más fuerte del que la agregación.

Dependencia

La dependencia define una relación en la cual el cambio en un elemento de una clase modifica las características de los elementos de otra clase.

DIAGRAMA DE OBJETOS

Un objeto es la instancia de una clase, es decir, la atribución de valores específicos para los elementos de la clase. En los lenguajes de programación, por ejemplo, esto se realiza a través de la declaración de una variable cuyo tipo sea de la clase de donde deseamos instanciar. Por ejemplo, en Java, sería un código como:

Persona p = new Persona();

- Significa que vamos a crear una variable llamada p que es un objeto del tipo Persona.
- Esto significa que p posee todos los atributos y métodos que tenga la clase Persona.

Dentro del UML, podemos identificar los diversos objetos creados para un sistema a partir de un diagrama de objetos, que es un diagrama que representa la visión completa o parcial de un sistema con sus objetos en un momento específico. En términos simples, es como si los elementos fueran la foto de un programa en ejecución en un momento dado para verificar el comportamiento de los objetos en aquel momento. El diagrama es semejante al modelo de clases, sin embargo permite una visión más controlada de la situación del sistema en un momento determinado, ya que no trabaja con las definiciones de la clase pero trabaja con ejemplos en sí.

En este sentido, la recomendación es entender cual es el

momento que desea identificar dentro del escenario del sistema o utilizar una herramienta CASE que permita iteraciones para entender como los objetos se comportan en un determinado periodo de tiempo.

INSTANCIAR UN OBJETO

Cada objeto y sus conexiones en un diagrama de objetos son representados por una InstanceSpecification. En esta instancia, en el encabezado estará escrito el nombre del objeto: nombre de la clase de la cual deriva subrayado, mientras en la sección de atributos, los atributos estarán asociados a los valores que poseen para el objeto en un momento dado, en el formato: nombre del atributo= valor. En el diagrama de objetos no se muestran las características como visibilidad, tipo de atributo y etc, ni se muestran los métodos.

Un objeto puede ser anónimo, es decir, cuando cualquier objeto de una determinada clase siempre actúe de la misma forma, no es necesario establecer un nombre para el objeto.

CONEXIONES

Una conexión es una instancia de una determinada asociación entre clases, sirviendo como conexión entre objetos.

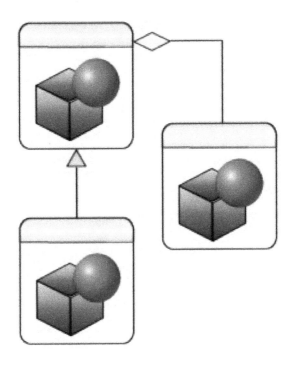

VERIFICACIÓN Y VALIDACIÓN DE SOFTWARE

El proceso de verificación y validación de un software ocurre durante y tras el proceso de implementación, con el objetivo de verificar si el software y sus productos relacionados son coherentes con los objetivos inicialmente propuestos. Llamamos verificación al conjunto de procesos que verifican si el software está siendo desarrollado de forma correcta, mientras que la validación verifica si es el software correcto el que está siendo desarrollado. Estos procesos, aunque considerados inútiles por muchas empresas, incluyen las etapas más críticas y dispendiosas de la Ingeniería de Software ya que permiten obtener los parámetros a través de los cuales conseguimos determinar la calidad y confiabilidad de un software.

PLANIFICACIÓN

La planificación envuelve establecer cuáles son los estándares de las pruebas de verificación y validación que serán implementados y, basado en esto, determinaremos las pruebas que deben ser aplicadas. Es muy importante que aquellos que determinan esta etapa posean capacidad para determinar el nivel de calidad exigido al software que se va a desarrollar.

El Software de poco uso o que se usa sólo para cosas con poca repercusión no necesita de muchas pruebas complejas ni de análisis profundos. Sin embargo, el software de gran impacto organizacional o los que son dispensados al público en general pueden exigir pruebas mucho más profundas. En general, la estructura de un plan de verificación y validación de software debe contar con las siguientes etapas:

- Proceso y cronograma: define como se realizará el proceso de prueba, por quién será realizado, los recursos financieros y tecnológicos que serán aplicados, además de los plazos para que las pruebas sean realizadas. También se debe definir las posibles restricciones que afecten al proceso de prueba.
- Trazabilidad de requisitos: se debe verificar si los requisitos de los stakeholders están siendo realmente percibidos y si las pruebas son las adecuadas para medir si estos requisitos son cumplidos.
- Proceso de documentación de pruebas: las pruebas y sus resultados deben ser continuamente registrados.
- Proceso de análisis: se debe verificar como los datos obtenidos por la prueba serán almacenados y que métodos/modelos de análisis serán aplicados de forma que extraiga las informaciones necesarias para la toma de decisión.

INSPECCIÓN DE SOFTWARE

La inspección determina la observación del código-fuente, la documentación, los modelos y otra representación legible en búsqueda de los errores generales y fallos lógicos. Estos errores y fallos pueden ocurrir por diversos motivos como fallos momentáneos e incompetencia de un desarrollador, desfase de las herramientas utilizadas, patrón inconsistente del modelo de creación de software utilizado por la organización (p.ej. un gerente de TI que obliga a un equipo a continuar lo que cree que debe ser un buen desarrollo de software o la adecuación- inadecuada- del software para atender a una integración con un software de terceros), etc. Así, la inspección es, en general, la primera etapa de verificación y validación de software antes de la aplicación de las pruebas propiamente dichas: es importante, en esta etapa de inspección, que aquellos que analizarán el software conozcan no sólo el software, sino la cultura organizacional que desarrolla este software.

Estas revisiones, realizadas de forma manual o automática (a través de analizadores estáticos), permiten que muchos fallos puedan ser solucionados sin la necesidad de hacer que el software funcione, minimizando riesgos y costes. Hay diversas formas de implementar una inspección. La recomendación es seleccionar un equipo de desarrolladores orientados a la inspección y que, preferiblemente, no hayan sido los desarrolladores del software. Este equipo puede tener una lista de errores comunes que deben ser evitados en el software, los cuales comparan con el software que está siendo analizado. Los principales tipos de errores que deben ser verificados en una inspección pueden incluir:

- ¿Todas las variables fueron declaradas e inicializadas correctamente antes de ser utilizadas?
- ¿Alguna variable fue declarada sólo una única vez?
- Todas las variables ¿son realmente utilizadas en el programa?
- ¿Los tipos de las variables son los adecuados para los valores que se trabajan en el programa?
- Todas las variaciones de condición ¿fueron tratadas en un flujo de control?
- ¿Está un vector trabajado dentro de su límite?

PRUEBAS DE SOFTWARE

Las pruebas de software tienen dos enfoques básicos: uno que tiene como objetivo analizar los componentes que forman el software y otro que analiza la integración de estos componentes cómo un todo. En una gran organización, hay equipos específicos para cada uno de estos enfoques. En una pequeña o mediana organización, muchos profesionales ponen el software en producción sin probarlo de forma adecuada, intentando solucionar los problemas a medida que van surgiendo, lo que puede traer muchos problemas al tener que parar la producción y reformular el sistema. Para una pequeña o mediana organización, un camino puede ser la contratación de una empresa externa que se encargue de estas pruebas de software o de la implementación gradual del software: es decir, permitir el uso de software por un grupo reducido de personas y después de las pruebas iniciales, ir gradualmente aumentando el número de usuarios.

La organización de las pruebas de software variará de acuerdo con la organización. El proceso de prueba engloba la creación de un componente y su prueba y su integración al sistema. En el modelo cascada, la prueba de lanzamiento debería realizarse después de la finalización del proceso de desarrollo. En el modelo incremental, la prueba de lanzamiento debería realizarse al final de cada incremento.

PRUEBA DE COMPONENTES

Es el proceso de prueba de los componentes específicos del sistema. En general, estas pruebas buscan evaluar las funciones, las clases y otros elementos de programación, probando sus funcionalidades y como se comportan delante de las diversas manipulaciones. Las pruebas pueden ser realizadas de diversas formas: en primer lugar, se puede coger una determinada función o clase, llamándola en un programa de prueba y forzando los parámetros de entrada variables, como con variables de tipos erróneos, con límites que ultrapasan la franja de lo aceptable, punteros nulos, etc. En segundo lugar, se debe verificar como estos componentes son llamados por los otros componentes y si es necesaria su utilización en el caso detectado. En tercer lugar, se puede realizar una prueba de estrés del componente, enviando un conjunto de datos pesado.

PRUEBA DE SISTEMAS

Las pruebas de sistemas envuelven la verificación y la validación de la integración entre dos o más componentes que forman el sistema en cuestión. Hay tres etapas básicas:

- **Prueba de integración**: al realizar esta prueba, el equipo verifica la existencia de un posible error y busca detectar que componentes dan origen al problema en cuestión. En este proceso, se busca visualizar los componentes del sistema en cuestión y agruparlos de acuerdo con las funcionalidades que ejercen. Este tipo de enfoque permite aislar el problema y trabajar de forma más modular. Sin embargo, algunos problemas pueden no ser resultado de componentes específicos, sino que surgen de la combinación entre los componentes o, en otros casos, puede no ser tan fácil determinar cual es el origen del problema. Un camino común es reducir el software a su estructura mínima de funcionamiento y añadir los nuevos componentes uno de cada vez, probando cada integración y sólo continuando si la integración ocurre de forma eficiente. Otro camino es, de acuerdo con el desarrollo del sistema, que por cada modificación que se realiza, se mantenga una copia que pueda ser recuperada cada vez que una modificación posterior dé algún problema.

- **Prueba de lanzamientos**: se prueba una versión del sistema que puede ser liberada a los usuarios. Este tipo de prueba es válida tanto si el sistema funciona o no funciona adecuadamente, retornando el feedback necesario para los desarrolladores. El objetivo es determinar, en un entorno más próximo al real, si el sistema es adecuado a los objetivos inicialmente propuestos. Estas pruebas pueden englobar tanto a profesionales de la propia organización como a usuarios escogidos externamente sin conocimiento profesional, y pueden englobar tareas como probar todas las posibilidades de entrada y salida del sistema, forzando entradas y salidas válidas e inválidas.

- **Prueba de rendimiento**: se trata de un conjunto de pruebas para analizar cuánto soporta el sistema, una vez integrado y siendo aceptable, en relación a la carga de datos y procesamiento. Esta prueba permite determinar fallos, pero también permite determinar los límites que el sistema podrá soportar, lo que posibilita estructurar nuevas modificaciones futuras y también el escenario recomendado para que el cliente utilice el sistema. Estas pruebas envuelven forzar (de forma manual o automática) el procesamiento de forma gradual, yendo del más leve procesamiento al inaceptable, con el objetivo de estresar el sistema lo suficiente para que pueda producir fallos que puedan ser corregidos.

AUTOMACIÓN DE PRUEBAS

Muchas de las pruebas pueden ser realizadas manualmente, pero el proceso puede ser muy tedioso. Hay diversas herramientas en el mercado que nos ayudan a reducir el tiempo y el coste de la mayoría de las pruebas que deben ser realizados. Estas herramientas incluyen gestores de prueba, generadores de masas de datos aleatorios, generadores de informes y simuladores.

Algunos ejemplos de sistemas disponibles en el mercado:

- **JUnit**: framework open-source, creado por Erich Gamma y Kent Beck, con soporte a la creación de pruebas automatizados en el lenguaje de programación Java.
- **List of unit testing frameworks**: una lista de la Wikipedia en inglés para diversos lenguajes de

programación.

SECURITY DEVELOPMENT LIFECYCLE (SDL)

El Microsoft Security Development Lifecycle (SDL) es un proceso de desarrollo de software, basado en el modelo espiral, utilizado y propuesto por Microsoft para reducir los costes de mantenimiento de software y aumentar la confiabilidad a través de la reducción de errores relacionados con la seguridad de software.

Esta es una lista de recursos y contenidos de referencia sobre el proceso:

- Security Development Lifecycle – Página Oficial de la Microsoft El ciclo de vida del desarrollo de la seguridad de computación confiable (Artículo – MSDN)
- Microsoft Security Development Lifecycle (SDL) – Version 3.2 – Guía del Proceso

SELECCIÓN DE UN LENGUAJE DE PROGRAMACIÓN

El actual mercado de tecnología ofrece un gran conjunto de lenguajes de programación para las diversas necesidades del mercado de software. No existen, en teoría, lenguajes mejores o peores en absoluto, sólo existen lenguajes y paradigmas convenientes o no para determinados problemas específicos. Pero aquellos que desean aventurarse en el mundo de la programación muchas veces preguntan que lenguaje de programación deben escoger para aprender y, principalmente, cuáles podrán darle un mejor futuro profesional.

Estas personas generalmente se dedican a un lenguaje porque aprendieron en una facultad, por necesidades del día-a-día, por intereses financieros, entre otros motivos.

En este libro no entraremos en que lenguaje de programación debe escoger un desarrollador, sino sobre que lenguaje de programación debe escoger una organización de acuerdo a sus necesidades.

Generalmente una organización adopta un lenguaje de programación no a través de una elección racional y pautada por un análisis informático, sino que se suelen elegir por otros motivos:

- El Me Gusta personalmente de los profesionales de tecnología envueltos en el desarrollo: el lenguaje es escogido porque los profesionales que lo desarrollan no conocen otros lenguajes. Esta limitación puede ser recurrente del tipo de formación del profesional del desarrollador, de las restricciones organizacionales, entre otros motivos.
- Sistemas heredados: las tecnologías disponibles en la organización están en un lenguaje

específico, que obliga el desarrollador a programar y desarrollar herramientas en ese lenguaje en cuestión.

- Solución Empaquetada: al comprar una solución tecnológica, la organización compra componentes y herramientas agregadas que objetivamente son más apropiadas para trabajar con la solución adquirida.
- Popularidad de la solución: un lenguaje más famoso y más conocido es considerado mejor en comparación con otro, lo cual es completamente falso.

Para la mayoría de las pequeñas automatizaciones del día-a-día, la elección de un lenguaje de programación específico es innecesario, siendo considerado sólo el entorno en que se ejecutará la solución (si es Desktop o Web). Esto es porque la mayor parte de los lenguajes del mercado proveen las soluciones básicas que cualquier lenguaje debe soportar como las funciones, el acceso a la base de datos, entre otros. Pero en otros casos de desarrollo de software vital, la elección de un lenguaje debe ser pautada por principios racionales.

En primer lugar, es necesario determinar si la empresa deberá buscar soluciones empaquetadas en el mercado o desarrollar sus propias soluciones. Si decide buscar soluciones empaquetadas, tal vez no sea necesario casi ningún desarrollo interno, y la mayoría de los problemas podrán ser resueltos por la creación de scripts.

Lógicamente, cualquier otra tecnología existente en la empresa que desee integrarse a una solución empaquetada deberá estar en este mismo lenguaje o poseer un canal de comunicación común, como por ejemplo, los archivos XML.

Si la empresa desarrolla sus propias soluciones, existen algunas preguntas que deben ser realizadas, antes de comenzar el desarrollo. Este análisis puede ser realizado leyendo las documentaciones de cada lenguaje o analizando las comparaciones sobre los distintos lenguajes de programación, pero se debe considerar que a través de estas preguntas estamos hablando de forma genérica de las necesidades de las organizaciones. Un excelente desarrollador de un lenguaje que se considera como "inapropiado" para el desarrollo puede tener un mejor rendimiento de que un desarrollador estándar en el lenguaje considerado como "apropiado".

¿Cuáles son los problemas que deben ser solucionados? Es decir, cuáles son las necesidades del día-a-día que necesitarán ser automatizadas, el entorno (Desktop, Web, etc) y cuánto deberán ser corregidas, actualizadas o eliminadas. Algunos lenguajes son más apropiados para algunas necesidades que otros: si el problema es publicar información en una Intranet, un lenguaje orientado a la web como PHP o ASP serán adecuados para ser utilizados en el desarrollo de la solución (eliminando así lenguajes orientados al Desktop), pero si las informaciones de una Intranet deben ser obtenidas a través de una base de datos MS-SQL Server, la mejor opción puede ser usar ASP, ya que los dos productos son de la empresa Microsoft, y por esto poseen una mejor integración. Al contrario, si fuera otra base de datos, lenguajes como PHP y Java pueden ser más convenientes. De la misma manera, se debe considerar la velocidad del desarrollo de las soluciones.

Lógicamente siempre queremos que el desarrollo de una solución sea lo más rápida posible, pero algunas soluciones pueden ofrecer herramientas más ágiles para diversos tipos de problemas, mientras otras requieren de un mayor esfuerzo para solucionar estos problemas. Por ejemplo, se queremos "auto-rellenar" archivos del Microsoft Office, claramente lenguajes como Visual Basic tendrán una mayor facilidad en relación a otros lenguajes que no poseen herramientas apropiadas para lidiar con este tipo de archivos.

¿Cual es la inversión de recursos financieros que la empresa va a realizar? Adoptar un lenguaje de programación no es sólo "sentarse y programar": deben ser considerados los valores de los profesionales de determinados lenguaje en el mercado y los valores de las herramientas de desarrollo. Cada lenguaje demanda un coste en software y hardware para permitir que su desarrollo sea más ágil. Lenguajes como C/C++ permiten su desarrollo en equipamientos más simples, ganan mayor calidad y rendimiento cuando son desarrolladas en buenos hardware. Sin embargo, no basta con que los equipamientos de los desarrolladores sean buenos, sino que se debe considerar que los equipamientos que la solución desarrollada funcionará después. Lenguajes como C/C++, PHP y Python, por ejemplo, gastan, por normal general, menos recursos de equipo que los lenguajes como Visual Basic y Java.

Los lenguajes propietarios como Visual Basic poseen un valor de compraventa que conlleva diversos beneficios como el soporte técnico, una documentación extensa, entre otros.

Los lenguajes no-propietarios no tienen, generalmente, un valor de compraventa, pero la falta de un soporte centralizado, hace que cualquier problema tenga que ser resuelto en una búsqueda en foros y documentaciones, que muchas veces puede no suelen traer respuestas satisfactorias. Esto hace que una determinada solución a un problema tenga que ser busco a nivel interno dentro del equipo de desarrollo.

¿Cuáles son los tipos de equipamientos y recursos disponibles para el desarrollo?

Esta pregunta retorna la cuestión anterior, pero con un enfoque más técnico: ¿cuáles son los hardware y software necesarios para ejecutar una solución en su lenguaje? En primer lugar, se debe considerar el Sistema operativo en el que se ejecutará la solución, y si el lenguaje es soportado en el sistema (por ejemplo, Visual Basic sólo se ejecuta en Windows, mientras Java se puede ejecutar en cualquier equipo siempre que tenga la máquina virtual conveniente instalada). Si ofrezca soporte, se debe considerar los recursos computacionales disponibles: si los equipamientos de desarrollo poseen memoria, las bibliotecas necesarias, etc (por ejemplo, el lenguaje C/C++ requiere bibliotecas diferentes para cada sistema operativo, aunque el código principal sea casi el mismo). Se debe considerar también el rendimiento y la consistencia que se requiere de la solución. En este sentido, en la mayoría de los casos, los lenguajes compilados, que generan son superiores a los lenguajes interpretados, a pesar de que algunos lenguajes soporten ambas implementaciones.

¿Cuál es el nivel de flexibilidad del lenguaje? O sea, cual es el poder que usted tendrá sobre el software. En la mayoría de las necesidades del día-a-día los lenguajes ya poseen soluciones y funciones listas, o extensiones que tiene como objetivo subsanar los problemas específicos. Pero si usted necesita desarrollar soluciones personalizadas o muy específicas, los lenguajes de código-abierto le traerán una mayor flexibilidad que el software de código-cerrado o propietario, justamente por que permiten modificar el lenguaje de acuerdo a sus necesidades.

¿Cuántas personas están disponibles para trabajar con el lenguaje? Los buenos profesionales de tecnología suelen costar caro. Estamos considerando que usted tiene un gran amor por su organización y no contrata a personas sin formación, pero sí a profesionales en el área de Ciencia e Ingeniería de la Computación, Análisis de Sistemas y Sistemas de Información, Ingeniería Eléctrica con énfasis en Computación o de cursos de tecnólogos específicos como Programación. Existen profesionales de otras áreas y formaciones que son muy buenos desarrolladores, pero esto debe ser evitado, ya que en el caso de que uste tenga un fuerte dolor de estómago, usted no se querrá ir a ver a un abogado, sino a un médico.

Los profesionales expertos en cualquier lenguaje de programación demandan una alta inversión para su contratación, y si están en su empresa y ganan por debajo del precio del mercado, seguramente se marcharán cuando reciban una oferta mejor. Esto provocara que su organización finalmente solamente contrate a profesionales por debajo de la media, que aceptarán un precio por debajo del precio de mercado. Algunos lenguajes, sin embargo, poseen un número mayor de profesionales disponibles (no necesariamente con la misma calidad de trabajo), lo que puede facilitar la sustitución de un determinado profesional por otro, en caso necesario.

Los lenguajes más restrictivos o más antiguos (como Cobol, Fortran, entre otros) tienen un número menor de profesionales, que generalmente ya están empleados o son muy caros en comparación con desarrolladores de otros lenguajes.

¿Cuáles son las informaciones disponibles del lenguaje? Se debe analizar si la documentación del lenguaje está completa, y si las informaciones sobre este son fáciles de acceder cuando sea necesario. También es apropiado conocer las limitaciones y errores (bugs) conocidos del lenguaje, y ver cuánto compromete esto en el rendimiento que usted espera de las soluciones desarrolladas. También verifique la actualización dada al lenguaje: los lenguajes que están desfasados o que no tienen actualizaciones con frecuencia demandarán una mayor inversión en desarrollo interno para solucionar los posibles errores o para estructurar componentes para facilitar la programación.

COMPREHENSIVE, LIGHTWEIGHT APPLICATION SECURITY PROCESS (CLASP)

CLASP (Comprehensive, Lightweight Application Security Process) es una metodología de desarrollo de los aspectos de seguridad del software en las fases iniciales del ciclo de vida del desarrollo de las aplicaciones. Se trata de un conjunto de buenas prácticas que sistematizan las actividades que puedan ser integradas en cualquier proceso de desarrollo de software. Inicialmente desarrollado por la empresa Secure Software, el CLASP hoy está bajo la responsabilidad de la OWASP.

VISTAS CLASP

Las Vistas CLASP definen las perspectivas sobre las cuales pueden ser analizadas el proceso de desarrollo:

- Vista Conceptual: presenta como funciona el proceso y la interacción entre los componentes.
- Vista basada en Reglas: presenta las responsabilidades de los miembros del equipo del proyecto, asociándolos a las actividades propuestas.
- Vista de Evaluación de Actividades: describe los objetivos de cada actividad y los elementos relacionados como el coste, la aplicación, el impacto y el análisis de riesgos.
- Vista de Implementación de Actividades: describe las actividades de seguridad envueltas en el CLASP.
- Vista de Vulnerabilidad: describe los tipos de vulnerabilidades en el desarrollo de software.

SOFTWARE ENGINEERING METHOD AND THEORY

SEMAT (Software Engineering Method and Theory) es una iniciativa para sistematizar y formalizar la Ingeniería de Software como una disciplina formal y rigurosa. La iniciativa fue lanzada en diciembre de 2009 por los investigadores Ivar Jacobson, Bertrand Meyer y Richard Soley y actualmente diversos investigadores alrededor del mundo ha emprendido esfuerzos para sostener la iniciativa.

La iniciativa del SEMAT surge por el reconocimiento de que la Ingeniería de Software, actualmente, es más un conjunto de modismos que una disciplina real de Ingeniería.

Esto significa que la Ingeniería de Software es sostenida por diversas prácticas que son mantenidas por el me gusta personal o por los intereses mercado-lógicos, pero sin base teórica que fundamente racionalmente sus aplicaciones.

El SEMAT busca crear una teoría consistente compuesta por un kernel de elementos bien definidos, que pueda ser adaptado para usos específicos.

COMO FINALIZAR UN PROYECTO DE TI

Un proyecto, al contrario de un proceso organizacional rutinario, debe tener un comienzo, un ecuador y un fin. Esto significa que los proyectos no pueden ser pospuestos indefinidamente, sin tener un final a la vista. La finalización de un proyecto ocurre, en general, por dos motivos esenciales:

* se alcanzó el resultado previamente esperado;
* ocurrieron problemas que impidieron el resultado

que se pretendía alcanzar.

En general, se espera que todos los proyectos concluyan con el resultado esperado o con la mínima divergencia posible del resultado final. Sin embargo, en algunos momentos, se puede no alcanzar el resultado esperado, esto puede ocurrir por diversos motivos:

- el plazo establecido inicialmente no fue cumplido,
- no hay más recursos financieros,
- no hay capacidad técnica en el equipo que desarrolla el trabajo,
- la calidad del servicio/producto está comprometida,
- y muchos más.

Para realizar buenos proyectos, desde el inicio, hay que realizar una evaluación de viabilidad y de riesgos consistente, utilizando buenos métodos de planificación y buenas herramientas de control. Esto, de por sí, ya debería ser capaz de eliminar una buena parte de los problemas de un proyecto. En algunos casos, sin embargo, los eventos internos y externos al proyecto pueden hacer que este no finalice de igual manera a lo inicialmente propuesto.

ACCIONES A LLEVAR A CABO EN CASO DE FRACASO DEL PROYECTO

La toma de decisión en un proyecto es una tarea compleja y pocas personas poseen la calidad e inteligencia para tomarla de forma coherente, neutra y con el menor perjuicio posible. El problema es que, en la mayoría de las organizaciones, quienes poseen la prerrogativa de la toma de decisión es el dueño de la organización o un director que, en numerosas veces, no posee capacidad técnica para tomar decisiones de forma correcta (empresas en las que las TI están sometidas a lo financiero). Las acciones a llevar a cabo en caso de fracaso de un proyecto no son una receta simple, pero envuelve diversos elementos que deben ser combinados por el gerente de proyectos para garantizar que el fracaso del proyecto no perjudique a la organización. Entre las principales acciones recomendadas están:

- Desarrollar un plan de contingencia antes de iniciar el proyecto para definir los pasos que deben ser realizados si el proyecto no se realiza de forma eficiente.
- Revaluar las características y propósitos del proyecto y readecuarlos para el escenario actual de la organización. Si posible intentar conseguir más tiempo, recursos financieros, técnicos, humanos, etc; conforme la conveniencia de la organización.
- Revaluar y readecuar lo restante del proyecto en

elementos más pequeños y más fáciles de trabajar y eliminar las etapas innecesarias. Reducir los costes de las etapas restantes a lo estrictamente necesario para garantizar su cumplimiento.

- Crear un paso-a-paso con criterio y consistente para finalizar el proyecto y que este sea de conocido por todas las personas envueltas en el desarrollo.
- Detectar y evaluar si es posible continuar con el proyecto o si este debe ser abortado para no traer perjuicios o trabajo innecesario;
- Gestionar la expectativa de los stakeholders, manteniendo una comunicación abierta y positiva.
- Analizar y trabajar con el capital humano del proyecto, corrigiendo posibles errores y motivando el trabajo. En este caso, el gestor de proyectos debe tener un fuerte aspecto emocional para soportar las críticas y cobros de los stakeholders, minimizando esta carga sobre los profesionales del proyecto.

ENTREGANDO EL PROYECTO

Al finalizar un determinado proyecto, es recomendable un conjunto de pasos para garantizar que los beneficios desarrollados por el proyecto no se pierdan. En general, se recomienda que al finalizar un proyecto se dedicado un día o parte de un día para reunir al equipo responsable para la entrega de aquello que fue desarrollado.

DOCUMENTACIÓN

La documentación es parte necesaria de un proyecto. Por ello se espera que cuando el proyecto este finalizado, esté disponible una documentación consistente sobre el proyecto.

Esto significa dos cosas: en primer lugar, todo el proceso del proyecto debe haber sido documentado. Esto permite que si hay algún problema en el resultado del proyecto, sea posible detectar en que etapa ocurrió el problema y como corregirlo. De la misma forma, al documentar todo el proyecto, es posible extraer buenas prácticas que pueden ser utilizadas en un futuro por la organización. En segundo lugar, una documentación técnica debe estar disponible para los stakeholders al finalizar el proyecto, de modo que puedan utilizar los productos y servicios originados por el proyecto de forma eficiente. Es decir especialmente adecuado cuando los productos/servicios creados en el proyecto corresponden a procesos organizacionales.

DESHACIENDO EQUIPOS DE TRABAJO

Aunque el trabajo haya sido un éxito o no, todo proyecto debe tener un fin y, en este proceso, el equipo responsable del proyecto será deshecho. En el cierre del proyecto, es conveniente que el equipo pueda discutir sobre el proyecto, los posibles errores y aciertos. También es el momento conveniente para que la organización pueda agradecer (de forma verbal o material) a los participantes del proyecto haciendo que se integren más en la organización.

REFERENCIA BIBLIOGRÁFICA

Para la realización de este libro se han leído, traducido, interpretado, consultado y contrastado información con las siguientes fuentes de información:

Libros

- *The Pragmatic Programmer: From Journeyman to Master,* de *Andrew Hunt*
- *Code Complete: A Practical Handbook of Software Construction, Second Edition, de Steve McConnell*
- *Clean Code: A Handbook of Agile Software Craftsmanship, de Robert C. Martin*

Páginas Web

http://wikipedia.org

http://revistabw.com.br

EDITORIAL

IT Campus Academy es una gran comunidad de profesionales con amplia experiencia en el sector informático, en sus diversos niveles como programación, redes, consultoría, ingeniería informática, consultoría empresarial, marketing online, redes sociales y más temáticas envueltas en las nuevas tecnologías.

En **IT Campus Academy** los diversos profesionales de esta comunidad publicitan los libros que publican en las diversas áreas sobre la tecnología informática.

IT Campus Academy se enorgullece en poder dar a conocer a todos los lectores y estudiantes de informática a nuestros prestigiosos profesionales, como en este caso **Ángel Arias**, experto en Consultoría TIC y Desarrollo de Web con más de 12 años de experiencia, que mediante sus obras literarias, podrán ayudar a nuestros lectores a mejorar profesionalmente en sus respectivas áreas del ámbito informático.

El Objetivo Principal de **IT Campus Academy** es promover el conocimiento entre los profesionales de las nuevas tecnologías al precio más reducido del mercado.

ACERCA DEL AUTOR

Andrés Serbat Ocaña es un consultor experimentado en el área informática. Con 13 años de experiencia en el sector, a sus 33 años ha ocupado puestos tales como consultor de software ERP, administrador de sistemas de una importante multinacional de automoción, responsable en el desarrollo web y publicidad en una empresa de formación elearning y actualmente consultor tecnológico para empresas y e-docente en el área de desarrollo web y publicidad y marketing online.

Desde 2011 años Andrés Serbat Ocaña después de haber publicado varios cursos de informática y haber creado varios cursos sobre tecnología en formato digital para plataformas elearning, Andrés, comienza su andadura en el mundo editorial, con la esperanza de llevar el conocimiento y la formación sobre las nuevas tecnologías al mayor público posible.